DENIS DE RIVOYRE

AUX

PAYS DU SOUDAN

BOGOS, MENSAH, SOUAKIM

DESSINS DE E. MARTIN-CHABLIS ET CARTE SPÉCIALE

PARIS

LIBRAIRIE PLON

E. PLON, NOURRIT ET Cⁱᵉ, IMPRIMEURS-ÉDITEURS

RUE GARANCIÈRE, 10

1885

Tous droits réservés

AUX
PAYS DU SOUDAN

PARIS. TYPOGRAPHIE E. PLON, NOURRIT ET Cⁱᵉ, RUE GARANCIÈRE, 8.

LE CANAL DE SUEZ DÉBOUCHANT DANS LA MER ROUGE.

DENIS DE RIVOYRE

AUX
PAYS DU SOUDAN

BOGOS, MENSAH, SOUAKIM

DESSINS DE E. MARTIN-CHABLIS ET CARTE SPÉCIALE.

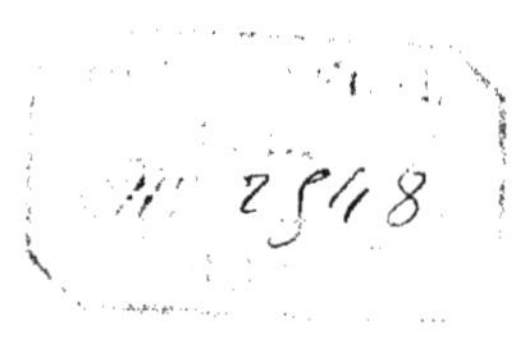

PARIS

LIBRAIRIE PLON

E. PLON, NOURRIT ET Cⁱᵉ, IMPRIMEURS-ÉDITEURS
RUE GARANCIÈRE, 10

1885

Tous droits réservés

AUX

PAYS DU SOUDAN

CHAPITRE PREMIER

*Mensah et Bogos. — Leur déchéance. — Les menées égyptiennes.
— La mission catholique. — Son action. — Superstitions indigènes.*

Lorsque, en 1866, la domination immédiate de
l'Égypte remplaça, au bord africain de la mer Rouge,
celle de la Porte, Massaouah en devint le boulevard[1].
Jusque-là, bourgade misérable, jetée sur un ilot à
quelques cent mètres du rivage, si elle avait toujours
réservé à ses possesseurs l'avantage de les garder hors
de l'atteinte des tribus insoumises ou des chrétiens
d'Abyssinie, elle ne leur avait, du moins, jamais offert
assez de ressources et de points d'appui, pour les mettre
à même de prendre sérieusement l'offensive et de porter la guerre chez leurs ennemis. Négoussié, roi du
Tigré, avait campé naguère impunément en face de
ses murs avec 10,000 combattants, et les soldats turcs

---

[1] Voir *Mer Rouge et Abyssinie*, par D. DE RIVOYRE, chez Plon.

1

d'Arkiko, réfugiés dans l'île à son approche, s'étaient bien gardés de se lancer à sa poursuite au moment où il s'éloigna.

Mais avec le gouvernement de l'Égypte, la situation se modifia. Aux indolences d'un caïmacan sans autorité, succéda une administration relativement ferme et vigoureuse. Sur l'emplacement des huttes de paille s'élevèrent des édifices solides. Une garnison régulière fit oublier le débraillé des bachi-bouzouks; la ville fut reliée par une digue à la terre ferme, et des fortifications méthodiques en défendirent les abords.

Tout en obéissant aux exigences raisonnées de l'installation nouvelle, ces dispositions et ces améliorations répondaient surtout aux préoccupations secrètes du khédive Ismaïl-Pacha. Maître du Soudan, de Khartoum à Khassala et à Souakim, il songeait également à la conquête de l'Abyssinie. Mais les enseignements du passé étaient là pour lui apprendre les difficultés de la tâche, et il fallait, auparavant, que Massaouah présentât une base d'opérations assez sûre pour lui permettre de s'ouvrir les redoutables défilés qui, du côté de la mer, y donnent accès.

Il était bien, il est vrai, une autre porte qui lui eût, par le nord, ménagé une issue plus facile; et déjà, plus d'une fois, avait-il, d'une main subreptice, essayé d'y frapper, nous le verrons. C'étaient les deux provinces du Bogos et du Mensah, situées sur le versant septentrional du plateau éthiopien. Mais, jusqu'alors,

la protection de la France, qui y avait suivi les missionnaires catholiques, l'en avait écarté. Ce ne fut que plus
tard, aux heures néfastes de la défaite, quand notre
drapeau humilié ne projetait plus au loin que des
ombres affaiblies, que l'ambition du Khédive put enfin
se donner carrière et occuper sans danger les deux
pays convoités.

A l'époque où, pour la première fois, je me trouvais
dans ces régions, j'eus l'occasion, assez rare alors, de
les visiter. La physionomie n'en a, jusqu'à présent,
guère plus été décrite que l'histoire n'en a été tracée.
Ils méritent pourtant moins de dédain; et les con-
jonctures actuelles sont peut-être à la veille de leur
ménager un rôle au travers des agitations qui menacent
d'ébranler cette partie du vieux monde africain.

Le Mensah, à quatre ou cinq jours de marche de
Massaouah, vers l'ouest, fut jadis le patrimoine d'un
petit peuple vaillant et batailleur avec lequel les négus
d'Abyssinie, ses suzerains de toute antiquité, eurent
souvent à compter. Mais l'invasion d'Oubié, roi du
Tigré, qui le traversa comme un ouragan avec
20,000 hommes, il y a une quarantaine d'années, fut
le signal de sa déchéance. Ensuite, vinrent les Égyptiens
dont le règne n'était pas fait pour ramener sa prospérité détruite, et qui s'y implantèrent brutalement sans
rien tenter pour en relever les ruines. Les hommes
faits avaient été massacrés, les villages incendiés, les
troupeaux dispersés; et lorsque, après ces premières

épreuves, une génération nouvelle, forte encore quoique décimée, aurait pu, en succédant à l'autre, réparer et venger ses désastres, un second fléau vint achever ce qu'avait commencé la guerre. Plusieurs années successives de famine désolèrent la contrée et lui enlevèrent ses jeunes gens les plus valides et les plus forts. Presque tous s'éloignèrent peu à peu pour aller chercher au loin de quoi soutenir leur misérable existence, et demander à des cieux plus fortunés ce qu'ils ne trouvaient pas chez eux.

Aussi, de ce qui fut autrefois le Mensah florissant et prospère, subsistent à peine, maintenant, quelques huttes de paille à demi effondrées, de misérables hameaux, des campagnes désolées, au milieu desquelles se traînent péniblement çà et là des spectres humains, hâves et décharnés, de femmes, pour la plupart, vieillies et ridées avant le temps, ou d'enfants rabougris qui ne seront jamais des hommes...

C'est un peu plus au nord, dans la direction de Khassala, au penchant des montagnes, que vivent les Bogos, ou mieux, les *Bilen,* ainsi qu'ils s'intitulent eux-mêmes dans leur idiome. Sortis de l'Agamé, une des provinces méridionales de l'Abyssinie, à la suite d'on ne sait trop quelles circonstances, ils apparurent, il y a trois ou quatre cents ans, sur le territoire qu'ils occupent actuellement, et dont le fertile aspect, les eaux courantes et les collines boisées, en leur rappelant les sites charmants de leur patrie originelle, les

séduisirent au point de suspendre leur marche enva-
hissante.

C'étaient, alors, de fiers guerriers qui eurent bientôt
étouffé toute résistance, et réduit les populations au-
tochthones en un état de vasselage dont les lois impi-
toyables ne faisaient plus, des personnes comme des
terres, que la propriété exclusive des conquérants. Les
siècles, tout en atténuant l'âpreté de ces rapports,
n'en ont même pas aujourd'hui altéré le caractère; et
il est peu de pays au monde où l'orgueil de la caste
établisse encore, à l'heure qu'il est, une distinction
plus nette entre le patricien, c'est-à-dire le *Bilen* venu
avec la conquête, et le plébéien ou *Tigré*, descendant
de la race vaincue.

Mais à cela, avec quelques légendes diffuses, se bornent à peu près les enseignements de l'héritage paternel. Endormis dans la même apathie, après avoir, aussi
longtemps qu'ils purent invoquer la haute suzeraineté
du Négus, confondu leurs rancunes, pour exploiter, à
frais communs, les tribus musulmanes limitrophes des
Beni-Amer, des Barcas, des Barias, et piller leurs
biens, nobles et vilains courbèrent ensuite leur tête
résignée sous le joug de l'Égypte, et ce ne fut plus
qu'accidentellement qu'ils invoquèrent de la mission
catholique la protection infatigable qu'étendait auparavant sur eux sa main trop souvent abusée.

A une date postérieure de bien peu aux excursions
d'Oubié, un des membres de la mission lazariste

installée à Massaouah était venu, en effet, jeter les
fondements d'une église catholique parmi eux, et avait
choisi Keren, leur principal village, pour y établir sa
résidence. Chrétiens cophtes, comme les Abyssins des
hauts plateaux, leurs ancêtres et leurs frères, il n'avait
pas fallu longtemps à leur esprit subtil pour démêler
tous les avantages à retirer de ce voisinage. Aussi, sans
que l'enthousiasme du néophyte, on peut se risquer à
le dire, y entrât pour beaucoup, Bogos des hautes et
des basses terres, au nombre de 25,000 âmes environ, groupés autour de lui, en étaient arrivés bientôt à
ne plus vouloir écouter d'autre voix que celle du missionnaire, leur bienfaiteur et leur ami, et à ne plus
reconnaître d'autre souveraineté que la sienne, parce
qu'au-dessus, ils discernaient l'image de la France dont
le reflet rayonnait jusqu'à eux.

Ce fut là, pendant longtemps, l'unique barrière à
laquelle se heurtassent, sans oser la franchir, les convoitises égyptiennes. Mais pour être contraintes ou dis-
simulées, elles n'en étaient pas moins vives; et les
Bogos, plus que jamais délaissés par l'autorité suze-
raine que battaient en brèche tant de compétitions
rivales, se voyaient à leur tour en butte aux hostilités
et aux rapines de plus en plus audacieuses des tribus
musulmanes, excitées contre eux par les encouragements secrets des agents du Khédive. Il vint même un
jour où, se croyant assez forts et dédaignant toute
mesure, ceux-ci se laissèrent aller à une démonstra-

tion directe. Sous un prétexte futile, des soldats égyptiens firent irruption dans la contrée, s'y livrèrent à tous les excès dont une pensée européenne peut difficilement évoquer le tableau, puis rentrèrent en triomphateurs à Khassala, traînant derrière eux un cortége de captifs.

Mais l'attaque avait été trop brutale. En outre, d'après nos conventions diplomatiques avec la Porte, nul chrétien se réclamant d'une protection européenne ne peut être vendu comme esclave; et les prisonniers enlevés étaient chrétiens ou soi-disant tels. Le missionnaire prit activement en main leur cause devenue la sienne. L'action du vice-consulat de France à Massaouah, sollicitée avec instance, ne se fit pas attendre, et sur l'intervention énergique de notre représentant, en dépit de tous les délais, de tous les atermoiements suscités par la mauvaise foi orientale, quelques-uns des captifs, sinon tous, furent rendus, et même une indemnité dut être payée aux victimes par le gouvernement égyptien.

L'avortement de cette expédition prématurée et les conséquences humiliantes qu'elle entraîna reculèrent pour quelque temps la réalisation de ses projets. Ce fut une trêve dans la décadence progressive des Bogos, et de cette ère éphémère de repos aurait pu dater, pour eux, celle d'une régénération encore possible. Il n'en fut rien. Se targuant avec plus d'orgueil que de raison de la sécurité inespérée qu'ils allaient devoir, désormais, à leur titre imprévu de clients de la France, ils n'en profitèrent que pour tenter de louvoyer plus à l'aise entre les lois de l'empire éthiopien dont ils songeaient à s'affranchir, et les menaces de la domination musulmane dont les serres s'entr'ouvraient déjà, ne s'inquiétant ni du passé ni de l'avenir, se livrant tout entiers aux jouissances précaires d'un présent qui ne leur appartenait même pas.

La foi catholique en bénéficia-t-elle du moins? Il est permis d'en douter, et pendant la durée de mon séjour parmi eux j'ai plus fréquemment entendu des allusions aux superstitions demeurées quand même toujours vivaces dans les traditions locales, que je n'ai saisi de témoignages de respect pour cette religion qui les avait sauvés. Entre mille, il en est une tout obscurcie des rêveries païennes, curieuse par son analogie avec celles d'autres peuples qu'aucun lien apparent ne rattache cependant aux Bogos, et dont le rapprochement ouvre à la pensée un vaste champ d'interrogation et de mystère. Avant de poursuivre le cours de mon récit, je demande à la citer.

Sans se préoccuper outre mesure de mettre d'accord, et les enseignements de la doctrine chrétienne sur l'éternité de la récompense ou du châtiment, et les écarts de leur propre imagination, les Bilen admettent une troisième condition intermédiaire qui n'est plus la vie terrestre, bien que les fonctions journalières en pèsent toujours sur les trépassés, et qui n'est pas encore l'état immatériel de l'âme dégagée de son enveloppe humaine.

L'homme ainsi transformé conserve son apparence primitive, et sans s'éloigner des lieux où il a vécu, son fantôme est condamné à y errer la nuit, par groupes, par familles, ainsi qu'autrefois, menant paître aussi des fantômes de troupeaux, parcourant les vallées et les montagnes, s'abreuvant aux sources, édifiant des abris éphémères, et poursuivant, en un mot, le cours normal de la vie qu'il menait en ce monde, jusqu'aux rayons du jour, à l'aube duquel s'évanouit tout vestige de cette fantasmagorie funèbre. De témoignages, ou même d'incidents, à l'appui de cette croyance indiscutable, nul n'est embarrassé pour en invoquer. Le plus étrange, à mon avis, à cause de la preuve matérielle qui en subsista, est celui qui me fut raconté une fois à moi-même, en m'en désignant l'héroïne.

Cette femme s'était égarée dans les bois, et surprise par la nuit, au lieu de suivre le sentier du village, ses pas la conduisirent dans un endroit désert, inconnu, où le vent soufflait en rafales lugubres, où les hurlements des animaux sauvages frappaient son oreille, mêlés à des bruits de sanglots et de plaintes. Épouvantée, elle tomba à genoux, en se ramenant sur les yeux un pan de son vêtement, et se cachant le front dans les mains. Puis, au bout de quelques instants, le relevant avec hésitation, elle aperçut, à peu de distance, deux ou trois lumières tremblotantes, qui ne

1.

pouvaient provenir que d'un campement de voyageurs;
c'était le salut. Elle se précipita de ce côté en courant.
Mais point de bruit, point d'animation; rien de ce
tumulte qui, d'ordinaire, révèle le voisinage d'une
caravane. La flamme s'élevait droite au-dessus des
foyers silencieux, et semblait éclairer sans donner de
chaleur.

Néanmoins, elle avançait, et, derrière l'enclos
d'épines, elle voyait des formes humaines se mouvoir
lentement au milieu de vaches immobiles. Des femmes
accroupies broyaient automatiquement du dourah, dont
les grains écrasés ne criaient pas sous la meule; des
hommes allaient et venaient, portant des jattes de lait
et de beurre, mais tout cela sans un mot, sans un
rire; des vieillards, assis en rond, laissaient pencher
indolemment la tête sur leur poitrine. Puis, en approchant davantage, parmi ces gens, elle en reconnut:
horreur! C'était le campement des morts!

Au cri d'effroi qu'elle poussa, quelques-uns vinrent
à elle. Il y avait là de ses amis, de ses parents, ensevelis depuis des mois, des années. Ils la reconnurent
aussi et la firent asseoir sur une pierre, près du feu.
Ensuite, sans prononcer une parole, on lui offrit à
manger. Elle avait faim, elle accepta. Mais sa main
tremblait tellement qu'en portant à ses lèvres une
calebasse pleine de beurre fondu, le récipient vacilla,
et une partie du liquide tomba sur ses vêtements.
Après quoi, accablée de fatigue, brisée par l'émo-

tion, elle s'étendit auprès du brasier et s'endormit.

Lorsqu'elle ouvrit les yeux, le soleil était levé. L'esprit sous le coup d'impressions confuses, la mémoire alourdie et voilée, elle regarde autour d'elle... Personne ! Rien que les cieux, les arbres, la verdure et la terre... Où est-elle?... Peu à peu, elle se souvient ! Elle s'est égarée, puis elle s'est endormie, puis elle a rêvé... Elle a rêvé aux morts. Ils étaient là, autour d'elle, muets, décharnés, sombres, ceux qu'elle a connus, qu'elle a aimés jadis... Quel rêve horrible !... Mais non ! ce n'est point un rêve !... voilà sa robe, et sur cette robe qu'elle touche, voilà aussi la tache que le beurre des morts y a laissée, tache ineffaçable dont l'eau du ruisseau est impuissante à laver l'empreinte.

Quelle coïncidence entre ces superstitions des sauvages de l'Afrique et celles des sauvages de l'Amérique, nuancées, il est vrai, des modifications en rapport avec les habitudes et les besoins propres aux deux races ! Aux tribus vagabondes des bords de l'Orénoque ou du Mississipi, subsistant de leurs chasses, errant à travers les forêts en quête d'une proie, des hécatombes de gibier, des chasses sans fin, des bois touffus. Aux peuples pasteurs des montagnes de l'Éthiopie ou des plaines du Soudan, adonnés à l'élevage des troupeaux, s'abreuvant de leur lait, la vie future réserve des pâturages, des vaches, des brebis... C'est bien là le reflet de la préoccupation unique qui, à l'origine, sur toute la surface du globe, s'est imposée aux dogmes des couples les plus divers, celle de vivre, et dont le souci les poursuit jusqu'aux limites de l'existence surnaturelle qu'ils pressentent, sans en deviner le caractère idéal.

La religion chrétienne, telle que la comprennent et la pratiquent les Abyssins depuis des siècles, n'a que bien peu relevé le niveau grossier de ces tendances. Avant l'apparition des missionnaires catholiques, à quoi s'en réduisaient les enseignements effectifs? A quelques préceptes vulgaires, quelques règles de discipline plutôt que de doctrine, quelques simulacres extérieurs, des jeûnes, des pèlerinages, des abstinences, dont il suffisait parfois de l'inobservance accidentelle pour frapper les coupables d'une apostasie sans remède.

De toutes les prohibitions et de toutes les prescriptions, la plus impérative et la plus inexorable est celle qui interdit au chrétien la viande des animaux tués de la main d'un musulman. Or, un jour que des Abyssins étaient descendus au marché de Massaouah, des mahométans les invitèrent à venir boire du tedj au cabaret. On y resta longtemps. De grosses cruches aux flancs rebondis avaient été préparées d'avance, et la liqueur épaisse se versait à la ronde, dans des verres en corne de buffle. Ces vases sont profonds et larges, et la raison, souvent, a le temps de s'envoler avant que le fond en soit atteint. Lorsque nos buveurs arrivèrent à la dernière goutte des leurs, ils y découvrirent, sous les couches dorées de l'hydromel, des tranches de viande bouillie.

— Qu'est-ce ceci ? dit l'un d'eux.

Les autres se mirent à rire, sans répondre.

— Par la sainte montagne du Thabor, répondez, s'écria le groupe des chrétiens inquiets.

— Allah est grand, répliqua alors, sentencieusement et d'un air grave, le plus âgé des marchands. Désormais sa main est sur vous, car cette viande est celle d'un mouton que j'ai tué moi-même ce matin, suivant les rites ordonnés par la loi du Prophète. Vous y avez goûté. Maintenant donc, il n'y a plus à s'en dédire, vous êtes des nôtres.

— C'est vrai, murmurèrent tristement les Abyssins en courbant la tête, nous voilà musulmans.

Et il fallut bien des arguments et bien du temps pour leur persuader que cette souillure involontaire n'avait point effacé en eux la qualité de chrétiens, et qu'ils pouvaient encore se considérer comme tels. Je ne sais même pas si l'on y parvint tout à fait.

Moins éclairés encore, s'il est possible, et plus étrangers que les habitants des hauts plateaux aux leçons moralisatrices du christianisme, les Bogos, avant tout, estimaient que là où ils rencontraient le plus d'avantages matériels, là devait être la vérité. Ce fut sous ce point de vue pratique qu'ils envisagèrent, dès le début, la portée du séjour des missionnaires catholiques au milieu d'eux, et qu'ils écoutèrent leurs prédications, alléchés par l'appât exclusif des récompenses terrestres à recueillir. Mais, depuis deux ans, ces calculs peu édifiants menaçaient de se voir déjouer. Rappelé en Europe, le chef de la mission les avait quittés, ne laissant derrière lui que des vicaires indigènes aussi peu aptes à le remplacer qu'à le faire oublier. Son successeur tardait à venir; et plus éprouvés que jamais par la disette, aveuglés par la misère, abandonnés à eux-mêmes et au découragement de leurs instincts cupides, ces chrétiens, qui devaient tout à sa parole ou à sa charité, étaient déjà sur le point de se tourner sans plus de scrupule vers cette même Égypte musulmane dont il les avait délivrés, lorsque enfin un nouvel évêque débarqua à Massaouah. Suivant le bruit public, il apportait avec lui de l'argent envoyé par le gouvernement français; et une partie du personnel qui le suivait était destinée à la mission des Bogos.

Ces secours arriveraient-ils à temps ? C'était le moment même que j'avais choisi de mon côté pour me rendre chez eux. Dans cette intention, je venais de me rapprocher de Massaouah, et d'accord avec M. Münzinger, notre agent consulaire, qui, depuis plusieurs années, avait créé dans ce pays un établissement agricole, nous étions sur le point de nous mettre en route. Le prélat demanda à nous accompagner avec un de ses prêtres, le P. Delmonte. Accrue de ce renfort, notre caravane allait présenter un aspect imposant, et, suivis d'une escorte nombreuse de serviteurs bien armés, nous partîmes.

MASSAOUAH.

CHAPITRE II

Chacun de nous, escorté de ses propres domestiques, montait un mulet caparaçonné à la mode d'Abyssinie. L'évêque, lui, était sur une mule dont, jadis, le Négus avait fait cadeau, avec tout son pittoresque harnachement, à un prêtre de la mission, au temps où il ne la persécutait pas encore et ne la chassait pas de ses États. Autour du cou, à la place de sonnettes, lui pendait un triple rang de feuilles de laurier en étain, dont le choc cadencé produisait un tintement argentin qui s'entendait de loin. La bête n'était plus jeune, il est vrai, mais elle n'en était pas moins têtue, et le bon évêque, qui, dans le principe, se berçait de la vaine illusion que le pas de sa monture ralenti, ou tout au moins calmé par l'âge, serait plus en harmonie avec les allures épiscopales, fut maintes fois obligé de recourir à des arguments en dehors du style canonique, pour dompter ses caprices et la maintenir en droit chemin.

Notre première halte devait être Monkoullo, le faubourg continental de Massaouah. Ce fut sous les arbres d'un jardin appartenant à la mission, que l'évêque et sa suite passèrent cette nuit de voyage. Quant à M. Münzinger et à moi, nous poussâmes jusqu'à un autre gros village, à deux ou trois portées de fusil du premier, et nommé Emkoullo, où nous reçûmes l'hospitalité chez un haut et puissant seigneur de l'endroit, le chef suprême des chameliers.

L'habitation, construite de chaume et de nattes assez solidement tressées, ne comprenait qu'une pièce. Au fond, dans toute la largeur, depuis le toit jusqu'au sol, régnait, parallèlement à la muraille, et à la distance d'un mètre environ, une sorte de châssis à claire-voie, en roseaux croisés, analogue au treillage des volières, chez nous. A hauteur d'appui, dans l'intervalle entre la paroi extérieure et cette seconde cloison, une espèce de rayon coupait horizontalement l'espace vide, d'un mur à l'autre. Enfin, au milieu, une porte cintrée, absolument pareille à celle d'un colombier, et de dimensions juste suffisantes pour livrer passage au corps d'un homme, ouvrait sur ce plancher suspendu.

Quel pouvait être le motif de cet arrangement singulier? Je ne me gênai point pour m'en enquérir. On me répondit que c'était là, tout à la fois, la chambre nuptiale et le lit des époux.

D'interrogation en interrogation, je finis par obtenir des explications plus précises, avec l'aveu de cette pratique barbare, en honneur chez les Chohos, qu'on nomme la « fibulation », et dont les petites filles sont les infortunées victimes.

Cette coutume odieuse fut importée chez eux du Soudan, où les autorités égyptiennes, à l'issue des conquêtes d'Ibrahim-Pacha, tentèrent, mais en vain, de la détruire. On alla jusqu'à pendre les matrones qui y prêtaient leur ministère. Rigueurs inutiles ! Le despotisme du préjugé acquiert un tel empire en Orient, que les enfants, à l'âge de six ans, sept ans, couraient d'elles-mêmes au devant de la mutilation.

Il est à croire que les encouragements des parents, pour être secrets, ne demeuraient pas étrangers à ce fanatisme précoce, et qu'ils redoutaient de voir plus tard rejaillir jusqu'à eux la honte qui, certainement, ne manquerait pas d'atteindre leur fille au moment de son mariage, — ou plutôt d'avoir à subir une dépréciation fâcheuse dans la valeur de leur marchandise. Toujours est-il qu'à la nouvelle épouse, ainsi mutilée dès le bas âge, les premiers jours de l'hymen n'offrent plus qu'une série d'abominables tortures ; et il n'est pas rare qu'éperdue de douleur, pantelante sous ses brutales caresses, elle s'échappe des bras de son mari. Les proportions exiguës, l'ouverture étroite de la cage où on l'emprisonne, sont là pour l'en empêcher, et retenir, bon gré, mal gré, près de son maître, a malheureuse à qui se révèlent, sous un jour aussi dur, les douceurs à venir de l'amour conjugal. De cette prison, sous aucun prétexte, il ne lui est permis de sortir, — j'allais dire jusqu'à ce qu'elle soit apprivoisée. Elle y doit demeurer un mois entier. C'est le délai légal; et c'est ainsi, au sein de la plus affreuse des captivités, que s'essayent les timides bégayements de son cœur.

Ces bégayements-là débutent par des clameurs de bête fauve. J'en fus témoin. Un jour, à Haylet, un peu plus au nord, dans la plaine d'Azuz, je me promenais à la tombée de la nuit, en compagnie du cheik de ce village. Tout à coup, nous entendons des cris épouvantables, qui n'avaient rien d'humain, sortir d'une maison voisine. Je m'arrête, croyant à une catastrophe.

— Oh! ce n'est rien, me dit le cheik en continuant à marcher, et d'un air goguenard; c'est une fille qui s'est mariée ce matin.

Chez mon hôte actuel, semblable surprise n'était pas à craindre. Il était vieux et ne songeait plus au mariage. Mais il tenait à nous gratifier d'égards particuliers. Pour nous faire honneur, il tira d'un bahut deux tapis usés, rapportés par lui, quelque trente ou quarante ans auparavant, d'un pèlerinage à la Mecque; et je n'oublierai jamais le regard d'écrasante ostentation qu'il nous jeta en en recouvrant les deux angarebs, c'est-à-dire les deux lits qui nous attendaient. Nous nous y couchâmes, pénétrés, comme il convenait, du luxe déployé à notre intention; et, fatigué, je ne tardai pas à m'endormir.

Je reposais depuis une demi-heure à peine, quand me voilà réveillé par une sensation désagréable, bien que mal définie encore et confuse. On eût dit les piqûres légères d'un million de petites épingles s'enfonçant peu à peu dans les chairs... Et puis, c'était comme un bruit sourd, insaisissable, quoique persistant, celui que produirait, dans le lointain, la marche d'une armée en campagne. Je me tournais et me retournais sur mon grabat, enviant le calme insouciant de mon domestique Ibrahim, étendu à mes pieds.

A la fin, n'y pouvant plus tenir, et incapable d'endurer davantage ce supplice en silence :

— Que de moustiques!... m'écriai-je.

— Ce ne sont pas des moustiques, me répond mon homme sans broncher et impassible.

— Et qu'est-ce donc?

— Ce sont des punaises.

A ce mot, on le comprend, je bondis. A travers les fentes de la hutte, les rayons de la lune laissaient percer une éblouissante lumière. Je me précipitai au dehors. Quel spectacle, grand Dieu! J'étais habituellement vêtu d'habits de laine blanche, avec de grandes guêtres boutonnées, me montant jusqu'au-dessus du genou. Tout cela était devenu noir, noir d'insectes qui se livraient, sur mon malheureux individu, à des combats acharnés dont j'étais le champ de bataille. J'eus beau me secouer, m'agiter : deux jours après, je trouvais encore de ces puantes petites bêtes nichées dans les plis de mes guêtres... Cette nuit-là, je ne dormis plus guère.

A l'aube, nous étions en route à travers les steppes arides du Samhar.

De loin en loin, quelques rares mimosas, des dunes moutonneuses qui semblent grandir ou diminuer au caprice des vents dont l'aile balaye la poussière; des fragments de roches calcinées; de profondes ravines creusées par les pluies diluviennes de l'hiver; à l'horizon, par-ci par-là, la course effarée d'une gazelle que poursuit l'hyène ou le chacal; des amas d'ossements blanchis; au-dessus de cette scène d'aspect si morne, le vol circulaire des vautours ou d'autres oiseaux de proie; et plus haut, plus haut que les habitants de l'air, plus haut que le regard, plus haut que la pensée, l'azur immaculé d'un ciel sans nuage, les rayons embrasés d'un soleil sans pitié... Voilà le Samhar.

Et il y en a comme cela, dans la direction du nord, pour huit jours avant d'atteindre Souakim. Du côté de l'Abyssinie, à l'ouest, il n'en faut que deux avant d'arriver au pied des montagnes, où la végétation commence à s'épanouir. C'était ce chemin que nous suivions...

De temps à autre, une ligne tourmentée zèbre la chaude perspective du désert d'une teinte plus sombre. C'est le lit desséché d'un de ces torrents éphémères, ont à peine un haillon pour couvrir leur nudité. Tous sont chétifs, décharnés, et viennent Dieu sait d'où !... de trois, de quatre cents lieues dans l'intérieur, comme aussi peut-être, chose affreuse à dire, du village voisin, où ils ont été vendus par des parents hors d'état de les nourrir. Les cadavres de la moitié de leurs compagnons, morts de misère et de fatigue, jalonnent la route qu'ils ont parcourue.

Mais, à notre vue, le front des marchands est devenu soucieux. Ils n'ignorent pas les efforts des blancs pour anéantir leur odieux trafic, et ils redoutent les conséquences de notre rencontre. Pourtant leurs mesures sont bien prises, et nulle intervention inopportune n'en entravera le cours. Le gouverneur de Massaouah, qui doit veiller, en apparence, au maintien des dispositions rigoureuses édictées par son propre gouvernement contre la traite des noirs, est, moyennant une part dans les profits, de connivence tacite avec eux. Aussi n'est-ce plus à Massaouah qu'ils vont embarquer leur cargaison. Ils se dirigent un peu plus au-dessus, vers une anse convenue, dont les agents de l'autorité ont bien soin de ne venir jamais troubler intempestivement le repos : c'est là que des bateaux, envoyés les trois quarts du temps par le gouverneur lui-même, iront prendre la marchandise pour lui faire rapidement traverser la mer. Une fois en Arabie, il n'y a plus rien à craindre.

La mer Rouge est sillonnée d'embarcations ainsi

ont à peine un haillon pour couvrir leur nudité. Tous sont chétifs, décharnés, et viennent Dieu sait d'où !... de trois, de quatre cents lieues dans l'intérieur, comme aussi peut-être, chose affreuse à dire, du village voisin, où ils ont été vendus par des parents hors d'état de les nourrir. Les cadavres de la moitié de leurs compagnons, morts de misère et de fatigue, jalonnent la route qu'ils ont parcourue.

Mais, à notre vue, le front des marchands est devenu soucieux. Ils n'ignorent pas les efforts des blancs pour anéantir leur odieux trafic, et ils redoutent les conséquences de notre rencontre. Pourtant leurs mesures sont bien prises, et nulle intervention inopportune n'en entravera le cours. Le gouverneur de Massaouah, qui doit veiller, en apparence, au maintien des dispositions rigoureuses édictées par son propre gouvernement contre la traite des noirs, est, moyennant une part dans les profits, de connivence tacite avec eux. Aussi n'est-ce plus à Massaouah qu'ils vont embarquer leur cargaison. Ils se dirigent un peu plus au-dessus, vers une anse convenue, dont les agents de l'autorité ont bien soin de ne venir jamais troubler intempestivement le repos : c'est là que des bateaux, envoyés les trois quarts du temps par le gouverneur lui-même, iront prendre la marchandise pour lui faire rapidement traverser la mer. Une fois en Arabie, il n'y a plus rien à craindre.

La mer Rouge est sillonnée d'embarcations ainsi

chargées. Quelquefois un navire anglais les arrêtait jadis au passage, et en confisquait à son propre bord le chargement, pour l'emmener à Aden. Là, le pied une fois posé sur ce sol appartenant à la libre Angleterre, tous étaient libres à leur tour, libres de mourir de faim ou de recevoir les coups de talon de botte qu'on ne leur ménageait pas. Heureux ceux qui pouvaient entrer au service de quelque marchand ou officier! Quant aux autres, maltraités, repoussés, s'arrachant sur les tas d'ordures des débris sans nom dont les chiens ne voulaient plus, combien n'en ai-je pas vu, de ces malheureux, cadavres ambulants, regretter l'esclavage et le maître qui, du moins, les nourrissait!

Il est vrai qu'aujourd'hui ces bienfaits de l'affranchissement à l'anglaise ne sont plus à redouter pour eux. La Grande-Bretagne, après l'avoir proscrite si longtemps, ne le proclamait-elle pas naguère par la voix de l'un des siens?... Désormais la traite des esclaves est tolérée comme une institution nécessaire et un instrument actif de sa politique libérale en Orient.

Quels cris d'horreur et de réprobation, d'un bout à l'autre de la pudibonde Angleterre, cependant, si toute autre nation européenne eût, avant elle, abaissé jusque-là ses principes anciens!... Et Dieu sait, lorsqu'il s'en mêle, comme John Bull sait crier!... Mais il est bien question de scrupule ou de pudeur, dès qu'il s'agit de lui-même, et que ses intérêts sont en jeu ! Les marchands d'esclaves peuvent, maintenant, pourchasser leur gibier récalcitrant, à l'ombre du drapeau de la Reine !

Et sait-on, en effet, sur quelles bases reposent, au Soudan, les opérations de ce hideux commerce? Ce n'est plus à des rapts isolés et cachés, à des marchés hâtifs où la famine est le premier agent, qu'il est condamné. Là, tout se passe au grand jour et sur une vaste échelle. Ils sont un certain nombre de gens influents, riches, honorés, qui forment comme une puissance à part, avec ses relations extérieures, ses traités, ses sujets, son trésor, ses armées. La saison venue, — à l'ouverture, — chacun équipe sa bande. Il en est qui comptent trois, quatre et jusqu'à six mille hommes. C'est un sacripant de confiance et rompu au métier qui les commande, et le terrain préparé, les dispositions prises, en chasse ! Le pays est réparti de manière à ne pas gêner le voisin. A chacun sa terre. On remonte le Nil Blanc; on visite les bords du lac Nô et du Bahr-el-Ghazal. Gondokoro était autrefois une des principales stations. Ce sont les Dinkas, les Nouërs, les Shilloucks, et tant d'autres, qui vont être les victimes. Armés à peine de lances inoffensives, d'une timidité d'enfants, aux premiers coups de fusil, terrifiés, abattus, ces malheureux, vaincus d'avance, tendent le cou, pour ainsi dire d'eux-mêmes, au carcan dès qu'ils le voient. Les hommes faits, les femmes, les enfants, tout est bon. Des tribus entières ont été anéanties de la sorte.

D'ordinaire, l'expédition dure plusieurs mois, tant que les pluies ne tombent point, ou tant que le gibier se rencontre. De distance en distance, les traitants élèvent des *zeribas* pour l'y garder les premiers jours. Ce sont des refuges entourés d'une double et triple enceinte de palissades et d'épines, où ils tiennent, en même temps, leurs approvisionnements et leurs munitions. Ensuite, des bateaux transportent, à mesure, le butin à Khartoum, et de là il est dirigé, à beaux deniers comptants, par tout l'Islam. Ce sont les Abyssiniennes, lorsqu'il est possible de s'en procurer, qui atteignent les plus hauts prix. Au Caire, suivant la qualité, elles se vendent de 1,500 à 2,000 francs.

Pendant les trois années qu'il a administré cette partie des possessions égyptiennes, le général Gordon avait fait aux marchands d'esclaves une guerre sans pitié, et en avait à peu près purgé, au moins ostensiblement, la contrée. Il revint pour leur prodiguer ses encouragements officiels et favoriser leur industrie. Ça ne lui a guère réussi. Allah est grand!...

Le lendemain, le sentier raboteux où nous sommes engagés débouche sur la plaine d'Azuz. Nous la traversons dans toute son interminable longueur. Il nous faut près d'un jour pour voir la fin de l'éternel rideau de mimosas dont elle est couverte. C'est une des contrées les plus giboyeuses du globe, et tout en marchant, je me livre sans mérite à un carnage acharné. Sous les broussailles, à chaque pas, se lèvent des antilopes, des gazelles, des sangliers, et même des panthères.

J'avais blessé un francolin et je m'étais écarté de la caravane pour le chercher. Un peu en arrière, mon fusil chargé seulement à petit plomb, je battais, à droite et à gauche, le fourré.

Soudain, d'un massif plus épais, quelque chose bondit et me passe devant les yeux. Je m'arrête. A trois pas, une grosse panthère, ramassée sur ses quatre pattes comme un chat en colère, grognait en dardant sur moi un regard féroce. Que faire? Pareil tête-à-tête, quand il vous prend à l'improviste, n'est pas sans interloquer. Je demeurais là, campé un pied en l'air et le fusil sur le bras, à la regarder également. Cet échange d'œillades expressives dura bien dix secondes, et des secondes, je vous jure, qui semblent longues! A la fin, je réfléchis qu'à distance si courte mon coup de feu devait faire balle. Et voilà que doucement, tout doucement, le regard toujours bien droit et bien fixe, j'essaye de ramener mon arme pour épauler. Est-ce ce jeu muet? est-ce une autre cause? je l'ignore; mais à mon mouvement, si imperceptible qu'il soit, la bête tout à coup prend son élan, et d'un saut gracieux et flexible se jette de côté, fort heureusement, pour disparaître dans les arbres. Une ondulation ou deux, et c'est tout : elle a fui; je ne vois plus rien... Ouf! Je ne cours pas après, et je lui fais grâce de mon coup de fusil..... Décidément, les perdreaux sont plus faciles à tirer.

Azuz est un village qui relevait autrefois des Nahibs d'Arkiko. Mais, depuis quelques années, il y a scission dans la dynastie de ces princes, et Azuz forme avec Haylet un apanage indépendant, ou plutôt une circonscription distincte des possessions égyptiennes, sous la haute surveillance d'un sous-lieutenant dont le descendant de la race illustre des Nahibs est un peu moins que le domestique. C'est le dernier centre de population musulmane que nous allons rencontrer.

Dans la journée, nous atteignons le pied des monts d'Abyssinie, et après une halte de quelques heures à Kousserett, nous abordons des rampes escarpées qui, par une ascension pénible et longue, nous mènent au premier plateau. Autour de nous, à mesure que nous grimpons, le décor change à vue d'œil. Adieu à la végétation avare et souffreteuse des terres basses, à l'aridité énervante de leur sol calciné; plus rien ici qui en rappelle la physionomie ni même le voisinage. A présent, une forêt épaisse, des arbres magnifiques dont les noms me sont inconnus, le murmure des ruisseaux sautillant de roche en roche, et une atmosphère imprégnée de délicieuses fraîcheurs. Les ardeurs du soleil tamisé par le feuillage ne se révèlent plus, désormais, que comme un sourire et une caresse. Nous avons presque froid. C'est que nous sommes bien en Abyssinie; et le soir, assez tard, nous bivouaquons à Gaba, en plein territoire éthiopien, à 5,000 pieds au-dessus du niveau de la mer.

La nuit s'annonçait fraîche; elle est glaciale. Nous qui, la veille encore, trouvions à peine dans les bouffées d'une chaleur suffocante assez d'air pour respirer, nous grelottons maintenant. Par bonheur, le bois ne coûte rien que la fatigue de le ramasser, et un bûcher biblique où flambent quatre ou cinq troncs énormes nous réchauffe de sa flamme bienfaisante. En même temps l'éclat en écarte les animaux féroces, dont les hurlements grondent dans l'obscurité; les branches sèches craquent sous leurs pas. Au lieu de dormir, Monseigneur et moi, nous passons presque toute la nuit à circuler de long en large, ou, à la mode des écoliers, à battre la semelle pour nous dégourdir les jambes.

Bien avant que le soleil paraisse, nous sommes en selle. Mais à peine s'est-il brusquement dégagé, comme il arrive aux tropiques, des cimes qui le voilaient à nos yeux, que ses rayons nous raniment, nous réconfortent, et ne tardent pas, sous leurs chaudes morsures, à nous faire souvenir que c'est bien quand même le soleil africain, le soleil des déserts. D'un froid intense, nous sommes livrés, sans transition, à une brûlante chaleur.

Nous avons quitté la forêt pour gravir, gravir toujours de nouvelles montagnes, dont nous ne parvenons au faîte qu'afin de mieux en apercevoir d'autres devant nous, et au delà de celles-là, d'autres encore, au bas desquelles, enfin, est le terme du voyage.

Du moins, rien de monotone dans le trajet. Le

paysage est des plus accidentés, des plus agrestes. Si nous montons souvent, nous descendons quelquefois. Et alors, aux bois d'oliviers sauvages, de citronniers, qui tapissent en partie le flanc des collines, succèdent de verdoyantes vallées, toutes parfumées de fleurs et de gazon, où les plus ravissants oiseaux de la création se jouent à portée de la main. Vers midi, nous nous arrêtons au bord d'une source renommée au loin pour la limpidité de ses eaux. Comme c'est bon d'y boire, quand on se rappelle les puits nauséabonds du Samhar! Et quelle savoureuse limonade avec le jus des limons cueillis en route!

Dans le creux des vallons, et sur les plateaux de la montagne, les indigènes ont semé leurs récoltes. Nous sommes au mois d'avril. C'est presque le moment de la maturité. Tous leurs soins, toutes leurs espérances, sont donc concentrés sur ces points où repose leur fortune. Pour surveiller les environs, ils ont construit, au milieu de chaque champ, supporté par quatre piliers, un échafaudage en fascines, du haut duquel le regard vigilant d'une sentinelle, sans cesse en alerte, inspecte les alentours. Les sangliers font-ils irruption à travers la récolte : vite, les clameurs des gardiens les mettent en fuite ou appellent à l'aide. L'ennemi s'apprête-t-il à saccager la moisson et à en massacrer les propriétaires : sa présence est déjà signalée avant qu'il ait eu le loisir d'approcher, et tout le monde est sur pied, prêt à le combattre et à le repousser.

2.

Le dourah est si haut, que nous avançons à cheval le long des tiges sans que nos fronts les dépassent. C'est ici le sol le plus favorable aux cultures, et la sécheresse y est inconnue. On sait, en effet, que les pluies périodiques des contrées tropicales partagent régulièrement l'année en deux saisons, dont l'époque varie suivant les conditions climatériques et géologiques du pays. Sur les côtes de la mer, les pluies commencent au mois de novembre, pour finir avec celui d'avril. Sur le plateau, au contraire, c'est au mois de mai que tombent les premières ondées, et elles ne cessent qu'aux derniers jours d'octobre. Or, sur la lisière extrême de ces deux régions doit se trouver nécessairement une zone intermédiaire, participant à la fois de l'une et de l'autre, où la queue des averses de la première devient, à un instant donné, la tête de celles de la seconde, et où par conséquent il pleut à peu près toute l'année. C'était cette bande de terrain que nous traversions. Deux ou trois récoltes y mûrissent aisément sous l'action alternative du soleil et de la pluie, et la reconnaissance indigène les a baptisés d'un nom qui en consacre la fécondité : on les appelle *Doupourchairs,* c'est-à-dire, montagnes à orge.

Puis, voici la charmante vallée de Maldi. Un ruisseau gazouille, tout bordé d'arbrisseaux odoriférants. Des centaines de pintades ou de francolins se glissent sous les hautes herbes. Des papillons éblouissants, des merles métalliques, des tourterelles à longue queue, voltigent et prennent leurs ébats. Et des fleurs encore ; partout, toujours, des fleurs. L'atmosphère est embaumée.

Notre séjour n'est pas long dans ce coin de paradis terrestre. Le sentier redevient roide, et nous voilà, un à un, les uns derrière les autres, à grimper de nouveau, jusqu'à un coude qui nous ouvre subitement une issue, droit devant nous, au flanc de la montagne. A gauche, c'est un précipice presque à pic, dont des broussailles nous dissimulent le fond. Sous le sabot de ma monture, une pierre se détache, et une antilope effrayée bondit devant moi. D'un coup de fusil, je l'abats, et je saute aussitôt à terre pour la ramasser. Mais elle roule sous mes doigts, et bientôt, entraîné, je me sens rouler avec elle. Je m'accroche, au hasard, à la branche d'un arbuste, qui résiste heureusement, et, sans courir davantage après ma proie, je remonte à cheval. J'avais chaud ; je me passais la main sur la figure : tout à coup, je ressens dans le nez des picotements étranges. Je me frotte pour les faire cesser : plus je me frotte, plus ils redoublent ; j'éternue, une fois, deux fois... dix fois : c'était aux feuilles d'un poivrier que je m'étais retenu.

Bien d'autres plantes, d'essence précieuse sans doute, sont là, que nous frôlons sans les connaître. Mais la roche se dégage plus nue et plus sévère. Le sentier se reprend à descendre. Des éboulements l'ont obstrué çà et là. Pour le coup, nous voici au milieu d'un torrent à sec. Nous ne sommes pas les seuls à pratiquer cette voie. Des empreintes nombreuses d'animaux se montrent sous nos pas. Celles du lion et de l'éléphant y sont le plus fréquentes. La vue de leurs excréments me remplit de surprise. On dirait ceux d'un chat colossal et d'un cheval gigantesque. Ces traces, toutes fraîches, nous indiquent qu'ils ne sont pas loin.

Avant de quitter Massaouah, j'avais dû, pour le voyage, compléter le personnel de *ma maison*. C'était Ibrahim [1] qui s'en était chargé. Au nombre des nouvelles recrues, il me présenta un chrétien de l'Hamacen.

— C'est un homme des plus recommandables, m'avait-il dit ; nous sommes du même âge, et je l'ai toujours connu.

— Ah ! Et quel âge as-tu toi-même ?

C'était un problème que je n'avais jamais pu déchiffrer. La barbe grise et le corps déjà un peu voûté de mon homme accusaient au moins une cinquantaine bien sonnée.

— Je ne sais pas, me grommela-t-il, en soulignant sa réponse du petit rire aigrelet et tant soit peu niais qui lui était habituel ; peut-être trente-cinq ans !

Qui se soucie, en effet, parmi ces gens, d'un aussi mince détail ? Et à quoi bon ? Ils naissent, souffrent et meurent. Voilà toute leur vie. Que les jours et les

---

[1] Voir *Mer Rouge et Abyssinie.*

années s'écoulent, c'est toujours pour endurer les mêmes peines, et marcher au même but. De préoccupations intellectuelles, d'aspirations supérieures, il n'en est point d'autres, pour leur esprit engourdi, que celles réclamées par le besoin journalier de manger. En quoi la notion de l'âge peut-elle leur servir? Ils se marient comme tout le monde, aussitôt qu'ils le peuvent physiquement; leurs enfants grandissent, ainsi qu'ils l'ont fait eux-mêmes, à la grâce de Dieu. Un jour, lorsque la volonté d'Allah le décidera, il est certain que la misérable existence qu'ils traînent aura un terme; mais un peu plus tôt, un peu plus tard, qu'importe? Et pourquoi réfléchir d'avance à l'espace probable qui reste encore péniblement à parcourir?

Je m'en étais tenu là avec Ibrahim de mes investigations sur son état civil.

— Et que fera ton camarade? Tu m'as déjà amené deux ou trois garçons pour mon mulet et les bagages. Toi, tu te charges de la cuisine. N'est-ce pas assez?

— Oh! Gœrguis — c'était le nom du candidat, Georges en français — possède bien des ressources qui te seront utiles. Nul plus que lui n'est familier avec tous les détours de la montagne; c'est un guide sûr. Et puis, il a appris mainte légende qu'il te racontera. Dans son pays, le soir, on va le chercher, et l'on se groupe autour de lui pour l'écouter. Et il conte alors, sur le temps passé, des choses merveilleuses que personne ne lui a enseignées. Il conserve des écrits an-

ciens que, seul, il est capable de lire. C'est un savant;
et lorsque, dans l'Hamacen, les riches se mettent en
voyage, ils l'attachent volontiers à leur personne pour
que ses récits charment les heures oisives du bivouac.
Si tu le prends avec toi, tu n'auras pas à le regretter.
Il te guidera également à la chasse, et son coup d'œil
exercé n'a pas de pareil pour découvrir la piste des
animaux.

Tant de qualités m'avaient persuadé, et Gœrguis fut
admis au nombre de mes gens. C'était un homme de
maintien recueilli, et l'on sentait qu'il avait conscience
de sa valeur. Habituellement, en route, il restait à mes
côtés, et portait mon fusil. Car quiconque se respecte
ne saurait lui-même, en Abyssinie, assumer ce fardeau. Ce serait se dégrader aux yeux de ses propres
serviteurs.

Au moment où nous abandonnions le torrent pour remonter à gauche, je distinguai, sur la droite, comme une
échancrure de forme bizarre, qui coupait la montagne.

— Qu'est-ce que ce trou là-bas? lui demandai-je.

— Ça? c'est le col de Magasas, le col du Pèlerinage.
Par là, pendant des siècles, ont passé toutes les géné-
rations chrétiennes de l'Abyssinie, pour se rendre en
pèlerinage au sanctuaire fameux de Debré-Sina (le mont
Sinaï). Il renfermait alors une image miraculeuse de
la vierge Marie; les présents les plus riches y affluaient
de toutes parts, et une troupe de moines était attachée
à son service.

— Et maintenant?

— Maintenant, il n'y a plus rien.

— Et pourquoi ?

— Ah! c'est une longue histoire.

— Conte-la-moi.

Et, tout en marchant, il se mit à me développer la narration suivante. L'aspect de la contrée s'était modifié. Au-dessus de la pente rocheuse dont la surface grisâtre s'étendait devant nous, pas d'autre végétation que les grands cactus-cierges allongeant mélancoliquement leur tige démesurée. Plus rien de pittoresque ni d'attrayant sous mes yeux. Le sabot de nos mulets, plus sûr que notre main, foulait avec assurance les gradins de pierre. Le chemin était devenu relativement facile. Je pouvais donc prêter, tout à l'aise, une oreille attentive.

CHAPITRE III

La prieure de Debré-Sina.

Au pays de Hâsaga, dans l'Hamacen [1], vivait jadis
un chef riche et puissant, nommé *Tisamma* (l'Entendu
de Dieu). De nombreux troupeaux de vaches blanches
broutaient l'herbe de ses montagnes; à la saison des
pluies, d'abondantes récoltes de dourah couvraient
ses champs; et chaque soir, après que les mules aux
clochettes sonores étaient rentrées dans l'enceinte de
ses vastes étables, des troupes empressées de serviteurs
lui versaient l'hydromel et venaient s'asseoir à son
foyer.

Un seul nuage obscurcissait cette prospérité. Uni,
depuis plusieurs années, à une épouse jeune et belle,
Tisamma n'avait point d'enfants. Sa femme partageait
ses regrets, et chaque matin, de sa couche désolée,
implorait l'intercession miraculeuse de la madone de
Debré-Sina. Dieu laissa enfin tomber sur elle un
regard de miséricorde, et un jour elle devint mère.

[1] La province la plus septentrionale et une des plus fertiles de
l'Abyssinie.

Et les deux époux, s'exaltant dans un élan de commune allégresse et de juste reconnaissance, se prosternèrent devant le Seigneur et adorèrent son nom.

A ce premier bonheur parut, bientôt, devoir en succéder un second, et, un an après la naissance de son fils, Tisamma devenait père d'une fille... Hélas! le sourire est souvent près des larmes! La mère mourut dans les douleurs de ce dernier enfantement.

Le désespoir de Tisamma fut profond. Mais comme c'était un chef renommé et fidèle aux traditions de ses aïeux, il ordonna que de somptueuses funérailles fussent célébrées en l'honneur de celle qu'il avait perdue. De tous les pays environnants on accourut pour y assister, et les fêtes mortuaires durèrent plusieurs jours.

Lorsque le silence fut rétabli dans sa demeure, et que tous ses hôtes eurent disparu, Tisamma, sans se laisser abattre par le chagrin, songea alors à ses enfants. C'était tout ce qui lui restait désormais de la morte aimée; et, malgré sa tendresse paternelle, son cœur se brisait à les voir. Néanmoins, le fils devait être, avant tout, un guerrier comme lui. Tisamma ne pouvait donc songer à s'en séparer, se réservant de lui enseigner lui-même à se servir de la lance, à dompter un cheval, et à se rendre, plus tard, terrible aux ennemis de sa race. Quant à la fille, sa présence évoquait encore de trop cuisants souvenirs; et cherchant autour de lui quelqu'un à même de l'instruire dans l'art de lire et de comprendre les livres sacrés, de l'élever comme il convient à une fille noble de l'Hamacen, son père résolut de l'éloigner au moins pour un temps, et de la confier aux soins vigilants de quelque vieillard mûri par l'expérience et la sagesse.

Or, à peu de distance du pays, sur le bord d'un torrent que ne tarissaient jamais les ardeurs de l'été, au milieu d'un bois épais dont le pas d'un homme troublait rarement la solitude, s'élevaient deux cabanes, construites grossièrement de chaume et de feuillage. De l'une d'elles, la plus grande, surmontée d'une croix, s'échappaient d'ordinaire, pendant le jour, des cantiques d'actions de grâces, psalmodiés par une faible voix, dont l'harmonie montait au ciel, sur l'aile des poétiques silences de la forêt. L'autre, plus petite, ne s'ouvrait, chaque soir, que lorsque le soleil avait depuis longtemps quitté la ligne des coteaux, pour se rouvrir le lendemain matin, bien avant que ses premiers rayons vinssent dorer la cime des hauts arbres.

C'était là que vivait, retiré des hommes, entre la paix de son oratoire et le calme de sa cellule, un prêtre du Lasta [1], déjà vieux, célèbre dans toute la contrée par son immense savoir et son austère piété. Par surcroît de pénitence, il avait même, contrairement à l'usage, fait vœu de célibat. Abba-Melchisedech était son nom. Tisamma le connaissait de longue date. Il

[1] Le Lasta est une des provinces méridionales de l'Abyssinie.

vint le trouver, suivi de ses serviteurs et, sur une mule, d'une matrone chargée de l'enfant.

— Tu as été, lui dit-il, ô mon père, l'ami et le confident de ma regrettée femme. Elle t'aimait et te vénérait. Ton nom fut le dernier qu'elle prononça, en me montrant sa fille, lorsque je lui fermai les yeux. Je viens te confier, ainsi qu'elle l'a voulu, un dépôt cher et précieux : sois le père de son enfant!

Abba-Melchisedech allait d'abord répondre qu'il se sentait vieillir, et qu'un tel fardeau serait bien lourd pour un pauvre solitaire; mais devant la suprême volonté d'une mourante il s'inclina et se résigna.

— Tu l'instruiras, ajouta Tisamma, dans l'art de lire et de comprendre les livres sacrés, et tu l'élèveras comme il convient à une fille noble de l'Hamacen. Quand elle sera devenue grande, tu la ramèneras dans ma maison, et tu pourras alors choisir, parmi mes troupeaux de vaches blanches, autant de jeunes génisses qu'il t'agréera, et la plus belle de mes mules, avec sa selle incrustée d'or. Jusqu'à cette époque, garde-la. Qu'elle vive auprès de toi! qu'elle t'honore comme son père, et t'obéisse comme à lui !

A ces mots, il appela un des serviteurs restés en dehors, et il commanda d'apporter l'enfant. Et l'enfant fut apportée. La matrone la tenait dans ses bras, enveloppée des plis soyeux d'un quârri [1] blanc bordé de

---

[1] Espèce de couverture en coton du pays, dans laquelle les

rouge. Tisamma la remit au prêtre ; puis, remontant sur son mulet, il s'éloigna à la tête de ses gens, sans ajouter un mot.

Demeuré seul avec la petite fille, le vieillard se mit à la considérer. Elle dormait. Sa bouche rose souriante entr'ouverte, les cils déjà longs de ses paupières fermées, son mignon visage si frais et si gracieux, tout cet ensemble rappelait les images des chérubins qui peuplent le ciel, âmes d'enfants envolées avant d'avoir vécu.

— Oh ! *Dourounèche !* (comme tu es pure !) s'écria Abba-Melchisedech, transporté. Et c'est ainsi que, désormais, tu t'appelleras.

Et Dourounèche, docile aux leçons de son maître, grandissait sous l'œil de Dieu, sage et laborieuse. Parfois, elle se rendait à la chapelle et là passait des heures dans la prière et la méditation. D'autres fois, un livre pieux à la main, elle allait s'asseoir au pied de quelque arbre penché sur le torrent, et feuilletait les pages sacrées en rêvant à Celui dont elles répétaient les louanges. D'autres fois encore, pendant qu'Abba-Melchisedech lui narrait les détails émouvants d'une légende sainte, ses doigts agiles faisaient tourner le fuseau, et filaient le lin dont plus tard devaient se tisser leurs vêtements à tous deux.

Mais à mesure qu'elle avançait en science et en sagesse, elle croissait aussi en grâce et en beauté. L'en-

indigènes se drapent pendant le jour et dorment durant la nuit ; les soldats se la roulent en ceinture autour des reins.

fant devenait femme. Abba-Melchisedech, pauvre solitaire, étranger jusque-là aux passions humaines, ne pouvait néanmoins s'empêcher de remarquer cette transformation et, tout bas, admirait son élève. Et voilà qu'il commença à sentir au fond de son cœur une étrange agitation. Ses paroles, naguère si paternelles, s'embarrassaient sur ses lèvres ; ses regards, par instants, s'emplissaient de flammes singulières ; des pensées tentatrices troublaient ses oraisons ; le sommeil fuyait sa couche, et les premiers rayons de l'aurore le voyaient souvent debout, frémissant, l'œil fixé sur la porte derrière laquelle reposait Dourounèche, à l'abri de son innocence et de sa jeunesse.

Et il advint qu'un jour, après lui avoir conté l'histoire de sainte Madeleine, de ses fautes, de son repentir, et après avoir dépeint la sainte, en extase au pied de Jésus crucifié, mais toujours vivant pour elle, ne pouvant plus lui-même imposer silence à ses coupables ardeurs, Abba-Melchisedech s'écria :

— O Dourounèche, et moi aussi, c'est ainsi que je t'aime !

Et il voulut la saisir dans ses bras.

Dourounèche effrayée se recula et se prit à pleurer. Puis elle s'enfuit, et son maître, confus, n'essaya pas de la retenir. Mais vainement s'efforça-t-il, le lendemain et les jours suivants, de chasser les criminels désirs qui s'étaient emparés de son âme ; la lutte était devenue au-dessus de ses forces, et le démon le dominait. Et, de nouveau, il dit encore à Dourounèche qu'il l'aimait. Une lueur se fit alors dans l'esprit de la jeune fille, et, éclairée tout à coup, elle comprit les mauvais desseins d'Abba-Melchisedech, et le repoussa.

Celui-ci, se jetant à ses pieds, les lui baisait avec frénésie. Mais Dourounèche, indignée, se redressa ; et, levant une main vers le ciel, elle s'écria :

— O mon père, est-ce ainsi que tu as promis de former ma jeunesse ? Le nom de Dieu n'éveille-t-il donc plus d'écho dans ta raison, pour que tu ne redoutes point ses célestes vengeances ? Rentre en toi-même, ô mon père, et ferme ton cœur aux sinistres fureurs qui grondent alentour !

Et Abba-Melchisedech, prosterné, se frappa le front contre terre à ces accents candides, et se releva en disant :

— Pardonnez-moi, Seigneur !

Mais le démon était en lui, et il réfléchissait aux moyens de vaincre la résistance de Dourounèche. Et, comme à partir de ce moment elle le fuyait, il résolut de se rendre chez son père et de se plaindre à lui.

Et, en effet, il se couvrit la tête du blanc turban de mousseline aux mille replis, insigne respecté de ses fonctions sacerdotales. Il se drapa dans son quârri, se chaussa de ses sandales, et un long bâton à la main, pour soutenir son corps affaibli par l'âge, se dirigea vers le village de Tisamma. Il l'atteignit à l'heure où le jour sur son déclin ramène les travailleurs des champs et les troupeaux de la montagne.

Le chef était assis au seuil de sa demeure, rendant la justice aux siens, entouré de ses serviteurs. Il l'aborda avec ces mots :

— Que la miséricorde du Très-Haut descende sur ta maison.

Puis il prit place à ses côtés, et un esclave vint lui laver les pieds, pendant qu'un autre lui versait de l'hydromel. Et quand le jugement eut été prononcé, que le breuvage eut circulé à la ronde dans les grands vases en corne de buffle, Tisamma, se tournant alors vers le prêtre, le salua derechef et lui dit :

— Quel heureux motif, ô mon père, t'amène sous mon toit ? Sois-y le bienvenu.

Abba-Melchisedech répondit quelques paroles à demi-voix. Tisamma fit un signe, et les serviteurs s'éloignèrent.

— Dourounèche, reprit le vieillard, est devenue, par mes leçons, une fille instruite et pieuse, et elle a grandi, sous l'œil de Dieu, en grâce et en beauté. Mais voilà que la main du vieux prêtre est désormais trop débile pour la guider dans les sentiers dangereux où elle s'engage...

— Pourquoi jeter ainsi un voile sur les discours, ô mon père ? demanda le chef avec inquiétude. Explique-toi sans contrainte.

— Dès que la fleur commence à s'épanouir, répondit Abba-Melchisedech, elle cherche les rayons du soleil; et, ainsi qu'elle, Dourounèche, épanouie aujourd'hui, recherche plus volontiers les regards caressants des jeunes hommes, que les enseignements austères des livres saints. Il convient peut-être qu'elle rentre dans ta maison.

— Quoi! c'est là ce que signifient tes paroles?

— C'est là ce que signifient mes paroles.

— Eh bien! reprit Tisamma, écoute-moi. Lorsqu'elle était enfant, je te la remis pour former sa jeunesse, en te disant : « Sois son père! » Agis onc comme si tu étais réellement son père. Je t'investis à son égard d'une autorité sans réserve, et si des pensées déshonnêtes se glissent en elle, je confie à ta sévérité le soin de la châtier, jusqu'à ce que tes justes remontrances l'aient ramenée au droit chemin.

Et là-dessus Tisamma se leva; le prêtre croisa les bras sur sa poitrine en signe de soumission; puis ils se séparèrent.

Le lendemain, aux blancheurs naissantes de l'aube, Abba-Melchisedech se remit en route, roulant dans son esprit les plus méchants desseins. Et, à peine de retour, il alla trouver la jeune fille.

— Je viens de chez ton père, lui dit-il. Il m'a accordé une autorité sans limites sur toi. Cède à mon irrésistible amour, ô Dourounèche, et tu rentreras dans sa maison, heureuse et honorée. Mais si tu me dédaignes encore, je me vengerai cruellement, et te ferai chasser comme une fille perdue.

Dourounèche, sans lui répondre, laissa tomber un regard de mépris, et voulut s'éloigner; mais il se jeta sur elle, et transporté de fureur, tout faible qu'il était, il la lia à un arbre et se mit à la frapper de son courbache [1]. Et, à chaque coup, il la suppliait de nouveau ; et Dourounèche continuait à garder un silence obstiné ; et il recommençait avec une rage croissante. Son bras ne s'arrêta que lorsqu'il la vit couverte de sang et sur le point de défaillir. Et durant plusieurs jours il répéta cet odieux traitement. Mais la fierté et la vertu de Dourounèche restèrent inébranlables.

A la fin, lassé de tant de constance et de fermeté, Abba-Melchisedech se décide à reprendre son bâton blanc et à retourner chez Tisamma. Et, ainsi que la première fois, un esclave vint lui laver les pieds, un autre lui servit l'hydromel. Et lorsque le breuvage eut circulé à la ronde, et qu'ils se furent salués :

— Quel heureux motif, ô mon père, t'amène sous mon toit ? demanda le chef. Sois-y le bienvenu.

Et le prêtre se mit à raconter que toutes ses tentatives pour rappeler Dourounèche à d'honnêtes sentiments étaient demeurées stériles, et qu'à bout de remontrances et d'efforts, il venait engager de nouveau Tisamma à la reprendre dans sa maison.

[1] Fouet en cuir d'hippopotame.

— Ah ! fille sans pudeur, s'écrie alors le père cour-roucé, plutôt la mort pour toi que la honte sur les tiens !

Et, sans réfléchir davantage, aveuglé par la colère et par l'indignation, il appelle son fils, et lui montrant ses armes suspendues à la muraille :

— Tu vois ce sabre, ô mon fils, lui dit-il. Il n'a jamais servi, entre mes mains, qu'à combattre nos ennemis et à défendre l'honneur de notre famille. Prends-le, et demain, aux premières clartés du jour, pars ! Va chez ta sœur ! Emmène-la loin de cette mai-son que souillerait sa présence, loin de ce pays qu'elle ne doit plus revoir. Et lorsque, tous les deux, vous serez parvenus en quelque endroit écarté, loin, bien loin d'ici, plonge-lui cette arme dans le cœur. Va. J'ai dit.

Le jeune homme s'inclina sans répondre, passa le sabre à sa ceinture, et le lendemain se rendit à la demeure d'Abba-Melchisedech, où il trouva sa sœur.

— Notre père, ô ma sœur, lui dit-il, a commandé que tu me suives.

Et, ainsi que son père l'avait commandé, elle le suivit.

Ils partirent à pied, et ils voyagèrent en silence toute la journée, laissant derrière eux de fertiles val-lées chargées de récoltes, franchissant de vertes mon-tagnes couvertes de troupeaux, traversant des forêts touffues et des torrents profonds. Et le soir, étant arri-vés au bord d'une eau courante qu'elle ne connaissait point, ils y rencontrèrent des moutons qui venaient boire.

— Reposons-nous ici, ma sœur, dit le frère.

Et, sans parler davantage, il alla à l'un des jeunes agneaux qu'il saisit par le cou ; puis, tirant son sabre, il l'égorgea.

— A présent, quitte ton natâla [1], et donne-le-moi, dit-il à Dourounèche.

Dourounèche ôta son natâla, et le lui tendit. Son frère le prit, et le trempa dans le sang de l'agneau. Et quand il eut fini, il s'écria :

— Il ne sera pas dit, ô ma sœur, que les mains de ton frère se soient couvertes de ton sang. Je vais retourner vers notre père, et lui présentant ce vête-ment, teint de celui de l'animal, je lui raconterai que je t'ai immolée suivant ses ordres. Toi, emporte cette viande et poursuis ta route. Dès que tu auras atteint un endroit où deux chemins se croisent, arrête-toi. Allume du feu, fais cuire tes aliments, et attends mon retour. Je reviendrai pour te conduire plus loin, au pays des Bogos, où tu pourras vivre en paix, inconnue de tous, à l'abri du courroux de notre père.

Et à ces mots, le jeune homme, ramassant son sabre, s'éloigna chargé du natâla de sa sœur...

Dourounèche continua son chemin, droit devant

---

[1] Pièce d'étoffe analogue à la mantille espagnole, dont les femmes d'Abyssinie se couvrent la tête, en la laissant retomber sur le cou et les épaules.

elle, conformément aux recommandations de son frère. Et, lorsqu'elle eut atteint l'endroit où se croisaient les deux chemins, elle s'arrêta et attendit. Mais, se sentant seule, la pauvre enfant eut peur. Elle jeta les yeux autour d'elle, et aperçut un arbre élevé, dont le feuillage épais couvrait de son ombre un vaste espace ; les eaux d'une source qui jaillissait en cet endroit en baignaient le pied. Elle s'en approcha, et se débarrassant de la viande dont elle était munie, elle parvint à se hisser jusqu'aux premières branches Là, elle s'assit, rassurée désormais contre les attaques des brigands et le danger des bêtes fauves. Et à peine était-elle en sûreté qu'accourut une hyène affamée qui, se précipitant sur le quartier d'agneau abandonné au bas de l'arbre, le dévora.

Le soleil baissait déjà lorsque Dourounèche aperçut, dans le lointain, une troupe de gens armés se dirigeant de son côté. En avant, marchaient quatre guerriers, le quàrri autour des reins, la lance à la main, le sabre à la ceinture, et le bouclier au bras. Après eux, sur un mulet vigoureux et brillamment caparaçonné, s'avançait un jeune homme qu'à ses cheveux retombant sur les épaules, en boucles abondantes et finement tressées, à son maintien plein de noblesse, et à son riche accoutrement, il était aisé de reconnaître pour un prince. A côté, se voyait l'écuyer chargé des armes de son maître, et derrière, une suite nombreuse de serviteurs et de soldats.

Le jeune homme fit dresser sa tente non loin de l'arbre qui protégeait Dourounèche. Et lorsqu'il fut descendu de son mulet, des esclaves étendirent à terre la peau rouge et souple d'un grand bœuf d'Abyssinie, en étalant par-dessus, pour qu'il y pût reposer, un tapis moelleux formé de quatre peaux de chèvres blanches cousues ensemble. Puis, d'autres allèrent couper de l'herbe fraîche pour sa monture, d'autres aussi se mirent en quête d'eau et de bois pour la nuit.

L'un d'eux vint à la source qui murmurait au pied de l'arbre de Dourounèche. Et en se baissant pour y puiser, il entrevit tout à coup, réfléchie par le cristal liquide, la figure d'une femme incomparablement belle. Et, poussant un cri, il courut, tout effrayé, rapporter en hâte cette apparition à son maître.

Celui-ci envoie aussitôt son écuyer s'assurer du fait. Et l'écuyer, en se baissant comme le premier, entrevit tout à coup, réfléchie par le cristal liquide, la figure d'une femme incomparablement belle. Et, poussant un cri, il courut, tout effrayé, confirmer en hâte cette apparition à son maître.

Et à son tour, le jeune prince voulut juger par lui-même. Il vint à la source, et se pencha. Mais il n'eut pas plutôt entrevu l'image, lui, qu'il releva la tête, et, regardant de tous côtés, découvrit, à travers les feuilles de l'arbre, un visage d'une beauté idéale. Et sur-le-champ il sentit son cœur embrasé d'une flamme irrésistible.

— O ravissante inconnue, s'ecria-t-il dans un élan d'admiration enthousiaste, n'es-tu en réalité qu'une fille de la terre, ou ne serais-tu pas plutôt une habitante des cieux?

— Je ne suis qu'une femme, répondit une voix harmonieuse, et je m'appelle Dourounèche.

— O Dourounèche, la bien nommée, descends, je t'en conjure, et viens dans ma tente goûter, sous la sauvegarde de mon respect, un sommeil paisible qui te fuirait là-haut.

Et plus légère qu'une gazelle, la belle enfant, persuadée, s'élança et vint tomber près du prince, qui la reçut dans ses bras.

Il l'emporta en courant; et la déposant doucement sur le tapis de peaux de chèvres blanches, il fit tendre au-dessus d'elle, soutenue par les fers de quatre lances, une grande toile pour l'abriter contre la rosée du soir. Et, tout auprès, il amoncela des piles de coussins du coton le plus soyeux, afin qu'elle pût y appuyer sa tête et son beau corps, tandis que les serviteurs lui présentaient à l'envi des jattes d'un lait écumeux, des corbeilles remplies d'un miel parfumé, et des gâteaux du tief[1] le mieux choisi.

Et le jeune prince, couché à ses pieds, la regardait manger, et il admirait les contours délicats de son visage, plus doré que le dernier rayon du soleil cou-

---

[1] Espèce de blé d'Abyssinie.

chant, et son grand œil noir humide comme la fleur de l'agamé [1], après une pluie d'orage, et ses dents pressées dans sa bouche gracieuse, telles que les petits de la tourterelle blanche sous l'aile de leur mère, et sa noire chevelure, plus longue et plus fournie que la crinière flottante d'une cavale indomptée des Gallas. Et, en pensée, il admirait encore les trésors de grâce et de beauté dont ses regards audacieux ne pouvaient pénétrer le mystère, mais que les plis du quârri révélaient discrètement. Et plus loin, l'écuyer admirait aussi, et les serviteurs pareillement.

Lorsqu'elle eut terminé, elle lui jeta un sourire, et, lui baisant les mains, murmura le remerciment en usage chez les Chohos, qu'elle avait fréquemment entendu :

— Puisse le Dieu tout-puissant te le rendre ! Qu'il t'accorde toujours l'eau et le lait !

Puis, comme elle était fatiguée, elle s'étendit doucement et s'endormit. Et le jeune prince, respectant son sommeil, s'éloigna, recommandant à ses gens de former une garde vigilante autour d'elle. Et de grands feux furent allumés.

Le lendemain, il lui dit :

— O Dourounèche, ce ne peut être sans dessein que le Seigneur t'a placée sur ma route, et désormais, je le comprends, ma vie ne doit s'écouler autrement que

---

[1] Variété de jasmin propre à l'Abyssinie.

mêlée à la tienne. Accompagne-moi dans ma maison, où
tu vivras honorée comme ma sœur et mon épouse, où
les filles les plus fières et les plus belles viendront
saluer en toi leur souveraine, où nos poëtes les plus
renommés chanteront à tes pieds leurs plus douces
romances, où tu régneras en maîtresse absolue, ainsi
que, dès à présent, tu règnes sur mon âme.

Et Dourounèche, ne voyant pas revenir son frère,
s'en crut abandonnée; et tout bas, consultant les mou-
vements de son cœur, elle sentit qu'elle serait heureuse
d'accompagner le prince dans sa maison, et d'y vivre
honorée comme sa sœur et son épouse. Et elle baissa
le front, en rougissant, sans répondre.

Et aussitôt le jeune homme, sautant sur son mulet,
la prit en croupe derrière lui. Et l'animal, comme s'il
eût partagé l'orgueil et la joie de son maître, releva
superbement la tête, et se mit à trotter allègrement en
faisant tinter ses clochettes d'argent. Au bout de peu de
jours, ils atteignirent ainsi le pays du jeune prince.
Et bien vite la nouvelle se répandit qu'il amenait une
seconde épouse; car il était déjà marié.

Laissant Dourounèche sous la garde de son écuyer,
il entre alors dans sa demeure et dans la chambre où sa
femme, revêtue de ses plus beaux habits et après avoir
pris un bain de fumée, attendait la venue de son seigneur. Et, quand ils se furent salués :

— Tu as cru jusqu'à ce jour, lui dit celui-ci, qu'il
ne pouvait respirer sur cette terre aucune créature plus

belle que toi. Et moi, je le croyais ainsi. Or, s'il s'était rencontré sur mes pas une femme d'une beauté plus merveilleuse que la tienne, que ferais-tu? Réponds et parle selon ton cœur!

Et la femme répondit :

— Si parmi les filles des hommes il existait semblable merveille, je me voilerais aussitôt la face et je m'éloignerais de ta maison sans regarder en arrière, pour aller reprendre ma place dans celle de mon père.

Se levant alors, et la prenant par la main, le jeune prince la conduisit dehors, et lui montra silencieusement Dourounèche assise sur le mulet, tandis que l'écuyer se tenait debout à ses côtés. Et l'épouse, poussant une exclamation et un soupir, se voila immédiatement la face, et s'éloigna de la maison de son mari, sans regarder en arrière, pour aller reprendre sa place dans celle de son père.

Et, suivant l'usage, le prince lui renvoya tous ses bijoux. Et le même jour il épousa Dourounèche. Et les fêtes du mariage durèrent toute une semaine. De tous les côtés, une foule nombreuse vint y prendre part. Pendant huit jours, les génisses bondissantes furent immolées, l'hydromel capiteux fut répandu à flots. Et, tous les soirs, autour des grands feux allumés pour la multitude, les chants retentissaient, les danses s'animaient, et les troubadours célébraient la beauté de l'épouse en même temps que la munificence de l'époux.

Et chacun admirait, tout bas, les circonstances sur-

prenantes de cette union. Et partout l'allégresse était
vive, excepté sous le toit solitaire où une pauvre
femme, accroupie près d'un foyer désert, pleurait les
félicités du mariage désormais évanouies pour elle,
pendant qu'un vieillard, les yeux secs, la contemplait
d'un air de farouche pitié, impatients l'un et l'autre du
bruit et du tumulte des fêtes dont l'écho insultant
arrivait jusqu'à eux.

La main de Dieu qui s'était détournée de sa première union, bénit celle que le prince contracta avec
Dourounèche, et deux fils leur naquirent. La vie de la
jeune femme s'écoulait paisible et heureuse entre
l'amour de son époux et les caresses de ses enfants.
Parfois, ses rêves la ramenaient bien au pays de Hàsaga,
où elle était née, auprès du père qui l'avait condamnée et du frère qui l'avait trahie; parfois aussi,
l'image d'Abba-Melchisedech se dressait implacable dans
ses souvenirs; mais vite elle chassait l'une et faisait
taire les autres, pour s'isoler dans son bonheur actuel
et celui des êtres qu'elle aimait. Ses deux fils grandis-
saient. Ils étaient plus beaux et plus forts que tous les
garçons de la contrée, et lorsqu'ils allaient se mêler à
leurs jeux, soit qu'ils s'essayassent à lancer la paume
ou à jeter le javelot, leur adresse l'emportait toujours.

Or, peu à peu, cette supériorité, de jour en jour
plus grande, en vint à froisser les autres enfants, et
ceux-ci, devenus jaloux des deux frères, dans la
méchanceté de leur cœur, résolurent de s'en venger

en les humiliant. Et un jour que l'aîné avait donné, devant eux, de nouvelles preuves de son adresse et de sa force, ils lui dirent :

— Quoi d'étonnant à ce que nous soyons moins forts et moins adroits que toi ! Nos mères sont d'honnêtes femmes, connues de tous, qui n'ont appris qu'à filer à la maison et à prier à l'église, tandis que la tienne, personne ne sait ce qu'elle est, ni d'où elle vient. Sans doute elle est la fille de quelque diable qui lui a transmis le pouvoir des maléfices, ou plutôt quelque sorcière elle-même ramassée par ton père au pied d'un arbre.

Ces paroles amères blessèrent le cœur de l'enfant, et il courut les rapporter à sa mère. Et celle-ci, également, s'affligea. Et comme son fils lui demandait quel était le nom de son père, à elle, elle se borna à répliquer d'un air altier :

— De tous ceux qui m'outragent, il n'en est aucun qui puisse se vanter d'un sang plus noble que le mien.

Mais lorsque son mari rentra, elle lui conta, tout en pleurs, l'affront qu'elle avait reçu ; et celui-ci, indigné, voulait en tirer vengeance. Ce fut elle-même qui l'arrêta :

— Il y a mieux à faire, lui dit-elle ; laisse-moi aller au pays de mon père ! Ses injustes soupçons se sont aujourd'hui envolés ; il me regrette et sera heureux de me retrouver vivante. Et moi-même, je serai fière de montrer à tous que je suis la fille d'un chef riche et puissant.

Et son époux répondit :

— Qu'il en soit comme tu le désires, ô Dourounèche! Et quoique ton époux n'ait pas besoin, pour continuer à aimer, à respecter la compagne de sa vie et la mère de ses enfants, de connaître le père cruel qui la chassa jadis, puisque tu le veux, pars, et reviens triomphante aux yeux des méchants confondus. Mais juge de ma douleur! Il va falloir te laisser, sans moi, affronter les hasards de ce voyage. Tu n'ignores pas, en effet, que les gens du pays voisin nous menacent, en ce moment, de leurs attaques... Et si je m'éloigne avec toi, qui les repoussera? O destin inexorable! Quelle séparation douloureuse! Puisse-t-elle ne pas être fatale à notre bonheur! — Du moins, tu voyageras sous la sauvegarde fidèle de mon écuyer et d'une escorte nombreuse et aguerrie.

Et dès le lendemain Dourounèche fut prête. Elle prit ses enfants avec elle, et lorsque les trois mulets furent sellés, que les clochettes d'argent eurent été suspendues à leur cou, elle vint présenter ses deux fils aux baisers et à la bénédiction de leur père, et prendre congé elle-même de son maître et seigneur. Et celui-ci, au milieu des adieux, sentit ses yeux se remplir de larmes involontaires; et de noirs pressentiments bouleversaient son âme ; et il ne pouvait s'arracher de leurs bras. Mais, au même instant, un messager accourut lui annoncer l'apparition des ennemis; et, sans proférer une parole de plus, se dérobant brusquement aux suprèmes émotions du départ, il saisit ses armes et s'élança vers la montagne, à la tête d'une troupe de guerriers d'élite.

Dourounèche, la pauvre et frêle créature déjà tant éprouvée, serra ses enfants contre sa poitrine, inquiète et agitée, elle aussi. Et embrassant d'un dernier regard cet époux adoré, elle donna enfin le signal; et tous s'ébranlèrent.

Elle allait devant, ses fils cheminant à ses côtés. Auprès de chaque mulet marchait un esclave dont la main tenait suspendue sur leur tète un parasol en paille tressée pour les préserver de l'ardeur du soleil. Derrière, séparé de la masse des femmes, des soldats et des serviteurs, venait l'écuyer. Et cet homme, en suivant de l'œil le balancement gracieux de Dourounèche, dont le corps flexible ondulait au pas de sa monture, se rappelait le jour où, pour la première fois, il lui avait été donné de voir et d'admirer cette femme devenue sa maîtresse. Et il évoquait en lui tous les souvenirs de cette rencontre, datant de quelques années à peine. Tout bas, il se disait que Dourounèche, en cessant d'être jeune fille, était devenue cent fois plus belle et cent fois plus désirable encore. Et, à mesure qu'il réfléchissait en la contemplant ainsi, il sentait je ne sais quelle flamme s'allumer dans sa poitrine. Et, peu à peu, il oubliait que la femme à laquelle il pensait était l'épouse de son maître.

Et le lendemain, à la halte du soir, quand Dourounèche, enfermée, reposait sous sa tente avec ses enfants, et que les soldats fatigués dormaient autour des feux, ou écoutaient les récits merveilleux d'un conteur improvisé, il s'approcha doucement, et par les fentes de la toile il osa regarder :

Ses longs cheveux nattés et la tête à demi cachée par un de ses bras replié, Dourounèche sommeillait. D'une torche presque éteinte s'échappaient de mourantes clartés ; et non loin de leur mère, sur le même tapis, les têtes frisées de ses deux fils se montraient endormies, ainsi que savent seuls dormir les anges et les enfants.

Une partie de la nuit, l'écuyer, rugissant en lui-même, erra autour de la tente. Il s'en éloignait, puis y revenait tout à coup. A diverses reprises, sa main criminelle alla même jusqu'à soulever l'extrémité de la portière qui la fermait ; mais en travers était étendu le corps d'une esclave dont la vigilance pouvait donner l'alarme. Et, étouffant en lui l'orage qu'il y sentait gronder, il se retira.

Au point du jour, on se remit en marche, dans le même ordre que la veille. Mais bientôt, sous l'empire d'un inconcevable vertige, l'écuyer, se rapprochant de Dourounèche, ne craignit pas de lui tenir d'outrageants discours, et de lui faire l'aveu de son téméraire amour. Victime une fois déjà de sa fatale beauté, la jeune mère appela ses enfants plus près d'elle, comme pour demander à leur présence le seul refuge qu'elle pût espérer, et reprocha en termes amers au perfide serviteur sa trahison envers son maître.

Repoussé par l'indignation et le mépris, l'écuyer garda le silence. Mais le soir, lorsque chacun dans le campement reposa, il vint encore à la tente d'un pas furtif, et, affolé de rage, d'un coup de sabre il trancha la tête de l'esclave endormie.

Pénétrant alors sans obstacle jusqu'aux pieds de Dourounèche, il se mit à lui parler derechef de son injurieuse passion. Et, ainsi qu'elle l'avait déjà fait, elle reprocha en termes amers au perfide serviteur sa trahison envers son maître.

Mais lui, éperdu de fureur, saisit l'aîné des deux enfants, et menaça la mère de le tuer sous ses yeux, si elle ne lui cédait.

— Dieu me l'a donné, Dieu me l'a repris, répondit-elle simplement, en joignant les mains et en levant les yeux au ciel.

Et l'assassin plongea son arme dans le sein de l'innocent, dont le sang rejaillit sur sa mère.

Dourounèche, épouvantée, puisa dans son horreur une nouvelle énergie pour repousser l'écuyer. Et celui-ci, plus ivre de colère que jamais, saisit le second des enfants, et menaça la mère de le tuer sous ses yeux, si elle ne lui cédait.

— Dieu me l'a donné, Dieu me l'a repris, répétat-elle en joignant les mains et en levant les yeux au ciel.

Et l'assassin plongea son arme dans le sein de l'enfant, dont le sang rejaillit sur sa mère.

Comme le jour allait paraître et que les soldats s'éveillaient, l'écuyer sortit en toute hâte et courut se baigner dans l'eau du ruisseau voisin. Et quand les soldats furent debout, et que les serviteurs eurent replié la tente, ils découvrirent les trois cadavres gisant à terre, et au milieu, Dourounèche, les yeux hagards, ensanglantée, affaissée, sans force et sans voix. Et chacun recula terrifié.

L'écuyer s'avança alors, et la montrant du doigt d'un air farouche :

— On nous l'avait bien dit, s'écria-t-il ; cette femme est une misérable sorcière, possédée du démon. C'est pour mieux accomplir ses infâmes sortiléges qu'elle a voulu s'abreuver du sang de ses enfants... Cependant elle est l'épouse de notre maître, épargnons-la ; mais retournons au pays raconter ce que nous avons vu, et abandonnons-la dans cette solitude, où, plus sûre que la nôtre, la justice de Dieu saura l'atteindre.

A ces mots, tous partirent, et, pour la seconde fois, Dourounèche se trouva seule au sein du désert, exposée aux attaques des brigands et au danger des bêtes fauves...

Le soleil était déjà bien haut lorsque, dominant sa terreur, elle put revenir à elle et retrouver ses esprits.

Et, jetant alentour un regard égaré, elle aperçut à ses côtés les corps de ses enfants.

Et, se prosternant, elle adora le Seigneur; puis, de ses propres mains, elle creusa une fosse et les enterra pieusement.

Et lorsqu'elle eut accompli cette tâche suprême, se dépouillant de ses riches vêtements, et rejetant loin d'elle les bracelets d'or et d'argent qui lui chargeaient les bras et la cheville des pieds, elle ne conserva qu'une longue chemise blanche dont elle s'enveloppa tout entière. Ensuite, elle prit son nàtala de fine mousseline et le déchira en deux. Ramenant alors sur son front les lourdes tresses de sa chevelure soyeuse, elle s'entoura la tête de l'un des morceaux, tandis que de l'autre elle se ceignait les reins. Et lorsqu'elle se fut ainsi défigurée, ramassant une branche de bois mort, pour soutenir sa marche chancelante, elle se remit en route après une dernière prière, se fiant à la Providence du soin de la secourir et de la diriger.

Dans le lointain, une montagne élevée attira ses regards. Ce fut de ce côté qu'elle tourna ses pas. Et elle alla ainsi toute la journée. La nuit était déjà tombée lorsqu'elle en atteignit le pied ; fatiguée, elle s'étendit à terre, et elle s'endormit sous la protection du Très-Haut.

A l'aurore, elle se mit à gravir la pente abrupte. Et, lorsqu'elle fut parvenue au sommet, elle découvrit un plateau verdoyant, au milieu duquel se dressait une colliue escarpée. Et en approchant, elle distingua sur cette colline des maisons d'un aspect étrange. C'était comme un amoncellement de roches aux flancs bizarrement taillés, et de huttes en forme de pyramides tronquées, au-dessus desquelles l'ensett [1] élancé déployait le panache frémissant de ses longues feuilles recourbées.

Et soudain elle reconnut dans sa mémoire cet endroit que lui avaient tant de fois jadis décrit les récits légendaires d'Abba-Melchisedech. C'était le couvent de Debré-Sina.

Et dès lors elle avança hardiment.

De l'intérieur d'une de ces roches, plus vaste que les autres, s'échappait un bruit de musique et de chants. C'était l'église. Les religieux, dont les cellules étaient groupées autour, réunis dans le saint lieu, célébraient en ce moment l'office et chantaient les louanges de l'Éternel.

Dourounèche s'agenouilla à l'entrée du sanctuaire. Et lorsque la longue file des moines, une fois les prières terminées, se fut déroulée devant elle en silence, le prieur qui venait après eux, apercevant ce jeune homme prosterné, s'arrêta et lui dit :

— Qui que tu sois, ô mon fils, tu peux te réfugier sans crainte à l'ombre de cet asile inviolable. Dès l'heure où tu en as touché le seuil, l'ange de la miséricorde t'a couvert de son aile.

[1] Sorte de palmier propre à ces latitudes.

Et Dourounèche, rassurée par ces paroles, leva les yeux et s'écria :

— O mon père, c'est au titre d'enfant de cette demeure austère que j'aspire. Par la Madone dont vous êtes le serviteur, laissez-moi, sous votre autorité, tenter avec ces saints religieux de me frayer une route vers le ciel.

Le prieur, la relevant, la bénit et lui dit :

— Sois le bienvenu parmi nous, ô mon fils !

Et se tournant vers les siens :

— Mes frères, ajouta-t-il, désormais le troupeau compte une brebis de plus.

Et par-dessus sa longue chemise blanche, Dourounèche revêtit une robe jaune de moine ; puis elle se couvrit la tête d'un épais bonnet de laine de la même couleur. Et, à partir de cet instant, elle ne porta plus d'autre nom que celui d'Abba-Gœrguis.

Bientôt elle fut renommée dans tout le monastère pour sa grande piété, non moins que pour sa science profonde. Les leçons d'Abba-Melchisedech avaient porté leurs fruits. Aucun texte sacré ne gardait pour elle ni ténèbres ni mystère. Et lorsqu'un moine, embarrassé par les termes obscurs d'un apologue mystique ou d'un passage difficile, ne pouvait parvenir à en pénétrer le sens, il accourait auprès d'Abba-Gœrguis. Et celui-ci, toujours empressé, lui expliquait le livre révéré.

Or, au bout de quelques mois, il advint que le vieux

prieur tomba malade, et que Dieu rappela son serviteur à lui. Et quand le corps du défunt, revêtu de ses
ornements sacerdotaux, eut été porté dans la caverne
sombre réservée à ce lugubre usage, qu'il eût été déposé sur la terre nue à côté des restes de son prédé-
cesseur; quand le quartier de roc qui fermait l'accès
de cette tombe eut été roulé devant l'entrée, la communauté s'assembla dans l'église, et invoqua le Seigneur pour qu'il daignât l'éclairer d'un rayon de sa
suprême sagesse, afin d'élire un digne successeur au
vénérable abbé.

Les suffrages unanimes, inspirés par le souffle d'en
haut, tombèrent sur Abba-Gœrguis. Et chacun se féli-
cita en lui-même du choix dicté à sa conscience par la
divine sagesse. Et tous crièrent trois fois « Hosannah! »
lorsque le nom du nouveau prieur, proclamé par le
plus ancien d'entre eux, s'échappa des nuages de l'encens qui fumait sur l'autel.

Mais, confuse de cet honneur, et s'en jugeant indigne à la pensée de ce qu'elle était, Dourounèche
refusa de s'y soumettre.

Durant plusieurs jours, le couvent fut plongé dans
la consternation. Nul ne voulait désigner d'autre prieur,
et chacun, à tour de rôle, venait le conjurer, en larmes,
d'accepter.

A la fin, touché de tant d'instances, et vaincu par
l'unanimité de ce désespoir, Abba-Gœrguis passa une
nuit et un jour seul en oraisons au pied du crucifix,

4.

suppliant l'Esprit-Saint de faire descendre ses lumières dans l'obscurité de son âme agitée... Et au bout de cette longue méditation, fortifié par la grâce, il s'humilia de nouveau devant l'Éternel et se résigna au fardeau qu'il lui plaisait d'envoyer à son indignité. Et, à partir de cet instant, il prit les rênes de la communauté et se fit aimer de tous.

Or, en ce temps-là, le mois de mai consacré à la vierge Marie arriva. C'était une grande fête pour le couvent de Debré-Sina. Des contrées les plus reculées, accouraient de pieuses et innombrables caravanes... C'étaient des épouses sans enfant, demandant au ciel de bénir leur union stérile; c'étaient des vierges dont les fiancés, guerroyant en de lointains pays, n'avaient jamais envoyé de leurs nouvelles; c'étaient des mères exaucées, dont les bras apportaient au sanctuaire de Marie le fils qu'elles devaient à son intercession... Et puis, c'était la foule des princes et des seigneurs de toute l'Abyssinie, qui, suivis de brillantes escortes, tenaient à déposer sur l'autel de la Madone de somptueuses offrandes ou les dépouilles de leurs ennemis. C'était aussi quelque humble prêtre venu de bien loin, un bâton à la main, abrité et nourri de village en village par la charité, ou quelque pauvre pèlerin, les pieds meurtris par la longueur de la route, les traits altérés par la fatigue et le jeûne, n'ayant à offrir l'un et l'autre que la pureté de leur vie ou la sincérité de leur foi.

Mais tous ces cœurs étaient égaux devant Dieu. Et leurs hommages montaient jusqu'à son trône dans un hymne commun, portés par la voix des anges et des apôtres.

Et il en venait du fond des montagnes du Godjam, et des vallons du Choah, et de ces déserts sans limites et sans nom de l'Afrique que nul n'avait, jusque-là, franchis, et des côtes brûlées de ce vaste Océan dont les flots vont mourir aux rivages de l'Inde. Et tout ce monde trouvait accueil dans le couvent. Chacun dressait sa tente ou construisait sa hutte dans le voisinage. Et le prieur, debout à la porte de l'église, les recevait et les bénissait.

Et voilà que, tout à coup, parmi cette foule agenouillée, Dourounèche distingua cinq personnes dont la vue la frappa au cœur, et qu'elle reconnut, bien que l'aile du temps ne les eût point épargnées. C'était d'abord son père, le chef Tisamma, qui jadis l'avait condamnée; et puis son frère, qui l'avait trahie; et puis son maître Abba-Melchisedech, qui l'avait faussement accusée; et puis son époux, qui l'avait livrée à la garde d'un écuyer; et puis enfin l'écuyer lui-même, qui, après l'avoir outragée, avait égorgé ses enfants.

Et alors Abba-Gœrguis commanda que ces cinq personnes fussent tenues à l'écart, et qu'après les avoir séparées du peuple, on les amenât devant lui. Et il en fut ainsi qu'il l'avait ordonné.

Chacune de ces cinq personnes, étonnée, se demandait pourquoi on la tenait à l'écart. Bientôt, elles

furent ensemble introduites dans la cellule du prieur,
où il leur fut servi un repas abondant. Et comme il
touchait à son terme, la porte s'ouvrit, et le prieur
lui-même parut :

— Que la miséricorde du Très-Haut descende sur
vous, dit-il en entrant.

— Que le Seigneur tout-puissant vous accorde longue vie, répondirent les cinq étrangers.

Abba-Gœrguis s'assit à leur table, et les coupes
d'hydromel se mirent à circuler. Et quand ils furent
tous rassasiés, Dourounèche prenant la parole leur dit :

— Je voudrais bien vous conter une histoire.

Et chacun se disposa à écouter.

— Or, dans un pays que je ne nommerai pas, commença le prieur, régnait jadis un chef puissant et riche,
qui avait une fille. Non loin de là vivait un vieux
prêtre. Le chef alla le trouver pour lui confier l'éducation de son enfant, et le prêtre accepta. Mais la fille,
en grandissant, devenait de plus en plus belle ; et voilà
que le maître, peu à peu, s'éprit de son élève, et
que, ne pouvant venir à bout de la vertu de la jeune
fille, il alla faussement l'accuser auprès de son père.
Et le père ajouta foi à ses paroles.

A ces mots, Tisamma, faisant un retour vers le
passé, se dit en lui-même :

— Malheureux que je suis, c'est ainsi qu'autrefois
j'ai agi aussi, et que j'ai prêté l'oreille à d'odieuses
calomnies contre ma fille.

— Et le père abusé, poursuivit le prieur, donna l'ordre de la tuer...

— Oh ! impitoyable et aveugle que je fus ! C'est encore là ce que j'ai fait ! se répétait tout bas Tisamma, tandis qu'Abba-Melchisedech, se frappant la poitrine sous sa robe, murmurait de son côté :

— Indigne prêtre, voilà l'épouvantable forfait dont tu t'es rendu complice en accusant une fille innocente.

— Mais l'homme chargé de cette mission, continua Abba-Gœrguis, recula devant le crime, et se borna à abandonner la jeune fille, au milieu du désert, exposée aux attaques des brigands et au danger des bêtes fauves.

Et le frère, à son tour pris de remords, se dit également :

— Barbare et lâche que je fus, mon odieux abandon a causé la perte de ma sœur ! Ne devais-je pas plutôt me déclarer le protecteur et le soutien de sa jeunesse ?

— Mais Dieu veillait sur elle, reprit le prieur, et elle rencontra sur son chemin un jeune prince qu'au premier regard séduisit sa beauté, qui l'aima, et dont elle devint l'épouse. Or, un jour qu'elle voulait revoir le pays de son père, elle prit avec elle les deux enfants que le ciel lui avait donnés, et comme son époux ne voulait pas l'accompagner, elle dut partir sous la garde d'un simple écuyer auquel n'avait pas craint de la remettre l'imprévoyance de celui-ci...

— Ah ! pensa le prince, moi aussi j'ai commis la faute de confier ma femme à la garde d'un simple écuyer, et à présent, voilà que je l'ai perdue; elle est morte, elle et mes deux enfants.

— Mais cet écuyer était un traître serviteur, ajouta Abba-Gœrguis, et, sans respect pour l'épouse de son maître, il osa lever les yeux sur elle ; et comme elle le repoussait avec horreur, il tira son sabre et massacra les deux enfants sous les yeux de leur mère.

Et l'écuyer infidèle, tremblant à la terrible image évoquée par ces mots, s'accusait intérieurement et disait :

— Quel crime ai-je commis, grand Dieu ! d'avoir osé attenter à l'honneur de mon maître, et de m'être aussi fait le meurtrier de ses fils !

Et un silence douloureux planait sur ces cinq personnes, pendant que d'amères réflexions remuaient le ond de leur âme.

Et, après un moment d'interruption, le prieur s'écria :

— Voudriez-vous connaître les personnages de cette véridique histoire?

Et chacun, alors, lui en demanda les noms avec instance.

— Eh bien ! je vais vous satisfaire, répondit-il. Mais, auparavant, sur cette croix qui pend à ma poitrine, jurez-le-moi, si l'un de vous cinq, en découvrant ce mystère, y trouve pour son compte le motif d'une juste vengeance, que celui-là pardonne dès à présent, et renonce à sa colère !

Et tous les cinq jurèrent.

Et alors, d'un mouvement rapide, Dourounèche rejeta son bonnet jaune de moine; ses longs cheveux, n'étant plus contenus, se déroulèrent; et, sous cet habit grossier, comme dans le miroir de la source, une femme d'une incomparable beauté apparut à leurs yeux, et tous la reconnurent; et elle leur tendit les bras.

Et à l'instant même, sans une parole de plus, son mari la saisit avec une ivresse sauvage, et sauta sur son mulet, l'emportant comme s'il eût craint qu'on vînt la lui ravir encore. Et l'animal, comprenant tout le prix du fardeau dont le chargeait la confiance de son maître, releva la tête avec orgueil, et se mit à courir d'un trot rapide, au tintement joyeux de ses clochettes d'argent.

Et, au bout de quelques jours, ils atteignirent ainsi le pays du prince. Et tout le monde s'associa à l'allégresse des époux réunis si miraculeusement, après s'être crus séparés à jamais. Et dès lors ils vécurent heureux. Car Dieu les bénit de nouveau, et ils donnèrent le jour à une nombreuse postérité.

Mais les moines du monastère de Debré-Sina, désolés de la perte de leur bien-aimé prieur, ne consentirent jamais à lui nommer un successeur; et, se résignant plutôt à quitter leur retraite, ils se dispersèrent dans toute l'Abyssinie.

Et aujourd'hui l'étranger qui visite cette montagne

KEREN, CAPITALE DES BOGOS.

CHAPITRE IV

Arrivée à Keren. — Aspect des Bogos. — Une messe épiscopale.
— Les danses des jeunes filles. — Le bain de fumée. — L'assemblée des notables. — Les chasses de l'Ansaba. — Misère
des indigènes.

Cette légende, racontée dans un style aux allures
mystiques, avec l'accent concis des vérités indiscuta-
bles, relevé par les chaudes descriptions et la couleur
locale propres au débit du narrateur, était pour moi
un tableau vivant de ces mœurs pittoresques de l'Abyssinie contemporaine, dont l'étude m'offrait de si profonds attraits.

L'histoire nous mène jusqu'à Ela-Berett (puits de
neige), où nous couchons... Lorsque je dis *nous couchons,* vous voyez ça d'ici : une peau de bœuf jetée sur
la terre nue, et où vous êtes libre de vous étendre, si le
cœur vous en dit. Quant au sommeil, c'est autre chose.
Sans parler du froid qui nous glace et nous empêche de
rester en repos, à peine la nuit tombée, c'est, tout
autour de nous, dans le fourré que nous touchons du
pied, un concert à donner une idée de ce que devait
être le monde à l'heure du déluge. La panthère marie
ses miaulements sinistres aux rugissements sonores du

lion, le chacal aboie dans la pénombre où meurt graduellement l'éclat de nos feux, et l'hyène hurle jusque dans nos jambes. On voit, en dehors du cercle lumineux, de grandes ombres confuses aller et venir avec deux points rouges dardés sur nous. Point de lune, le ciel est sombre, les montagnes se dressent toutes noires, gigantesques et menaçantes. On dirait qu'elles vont s'abîmer sur nos têtes. Tout cela donne plus froid encore. Nul n'a envie de dormir. Un tison, jeté à l'aventure dans l'obscurité, nous montre des animaux qui fuient en criant, pour revenir et se rapprocher davantage. A ce moment, un brave chien que j'avais amené de France, et que je retenais tout grondant, le poil hérissé, auprès de moi, s'échappant, courut dessus. Une explosion féroce de rugissements retentit ; puis comme le bruit d'une lutte acharnée, des aboiements exaspérés, et presque aussitôt un râle lugubre d'agonie... Quelques secondes, et tout était fini. J'eus beau m'élancer de ce côté en tirant au jugé... Plus rien ! mon pauvre compagnon ne reparut jamais. Quelle nuit !

Nous en vîmes le terme enfin, sans autre malheur. Au point du jour, nous étions personnellement intacts, quoique gelés. Nous avions fait bonne garde et sauvé nos montures. C'était leur présence, à n'en pas douter, qui avait surexcité l'acharnement de nos visiteurs nocturnes. Même un petit âne du convoi ne fut pas sans y trouver son compte.

Il était investi d'une mission de confiance; avant de quitter Monkoullo, les Pères Lazaristes lui avaient solidement attaché sur le dos une volumineuse dame-jeanne pleine d'un liquide réjouissant. C'était le vin de leur évêque. Moi qui ne bénéficiais point des mêmes facilités de transport que les missionnaires, sur cette côte où le commerce en était, à l'époque, sévèrement proscrit, il y avait longtemps que je ne connaissais plus le goût du vin que de souvenir. Mais Monseigneur nous avait généreusement admis au partage de sa cave, et le fond n'en était plus guère loin. Ce matin-là, tout engourdis par le froid, attristés les uns et les autres de la perte de mon chien, nous avions besoin de nous réconforter, et nos dernières accolades l'épuisèrent tout à fait. Comme Ésope, jadis, avec sa balle de pain, le petit âne, désormais, allait trotter à vide.

Nous avions atteint le point culminant de notre route. A partir de cet instant, nous nous mîmes à descendre sans interruption. Bien qu'élevé, le plateau des Bogos était néanmoins d'un niveau sensiblement inférieur à ces altitudes. Au bout d'une dégringolade périlleuse de cinq à six heures, nous y mettions le pied. La rapidité de la course et les difficultés du chemin nous avaient à peine laissé le loisir de regarder autour de nous. Quand nous levons les yeux, le panorama n'est plus le même, et le point de vue s'est modifié avec tout l'imprévu d'un décor d'opéra. Hier et aujourd'hui ne se ressemblent plus. Adieu les vertes

autre idée. Deux ou trois cents cabanes construites en
chaume, et entourées chacune de pas mal d'ordures,
c'est là tout ce qu'il m'est donné d'admirer. Celles
des notables sont précédées d'une cour que défend
une clôture d'épines. Cet espace vide est réservé
aux bestiaux qu'on y rentre la nuit, pour les en faire
sortir au point du jour. Mais, le lendemain, il subsiste
encore sur le sol tant de traces désobligeantes de leurs
nocturnes ébats, qu'il est difficile aux délicats d'y découvrir un emplacement où risquer le pied sans complications désagréables.

Le type des habitants offre à l'examen presque
autant de variétés dans la physionomie, dans la couleur de la peau, qu'il y a d'individus. Le costume est
moins bigarré. Pour les hommes faits, un morceau de
toile roulé autour des reins et une lance; quelquefois pas de toile, mais toujours une lance. Pour les
jeunes garçons encore moins de recherche; les mieux
vêtus ont une façon de culotte, une pièce de cuir,
veux-je dire, découpée en triangle, qui s'applique sur
le bas du ventre et se rattache à la ceinture au moyen
de trois cordonnets dont il est facile de se figurer, à
peu de chose près, la disposition.

Cet appendice, en même temps, sert à maint autre
usage domestique. J'avais pris, en effet, à mon service,
dès notre arrivée, pour m'y rendre plus populaire, un
jeune gars de Keren, d'une quinzaine d'années, auquel
était dévolue plus spécialement la confection de mon

ainsi sommairement chaussés, leur rend, à la longue, la plante des pieds aussi dure et tout aussi impénétrable que de la corne. Ni les aspérités de la pierre, ni la morsure des insectes, voire même des serpents, n'y ont plus de prise. Un jour, me trouvant chez le nahib d'Arkiko, nous causions tranquillement ensemble, dans la cour de sa maison, moi étendu sur un angareb, lui debout à mes côtés. Tout à coup, il porta vivement la main à son talon, et me montra, encore suspendu par les pinces, un gros scorpion qui venait de l'y piquer. Tout autre eût pu s'estimer heureux d'en être quitte pour une paralysie partielle ou même totale du membre atteint ; car ces blessures sont des plus dangereuses, et quelquefois mortelles. Chez lui, le venin de la bête n'avait pu aller au delà de l'enveloppe rugueuse où il s'était perdu ; et dix minutes plus tard, après que j'y eus, par précaution, versé quelques gouttes de phénol, il n'y paraissait plus.

Jusqu'alors, sur nos pas, nous n'avions rencontré aucune agglomération humaine. Au plus, des cabanes isolées de bergers, et c'était tout. Maintenant, voici des hameaux, des habitants. L'aspect des uns et des autres, je le confesse, n'est guère attrayant. Ils sont sordides, et hommes, femmes et enfants se précipitent vers nous en tendant la main.

Le bruit de notre arrivée nous a précédés, et entre eux ils se désignent l'évêque avec curiosité, mais sans empressement. Le sentier que nous suivons s'anime et paraît fréquenté. Nous sommes, on le voit, dans un pays peuplé. Ce n'est plus la solitude des jours passés. De temps à autre, nous croisons des groupes d'indigènes. Ils viennent de Keren, ou s'y rendent. Nous devons en approcher, et bientôt nous en distinguons les huttes éparses au pied d'un rocher à pic. Il n'y avait pas même cinq jours que nous avions quitté Massaouah. Les caravanes en mettent huit ou neuf en général.

A peine avons-nous franchi le petit ravin sans eau qui longe Keren de l'ouest à l'est, que retentissent des glapissements variés.

Des essaims d'enfants entièrement nus accourent en gambadant à notre rencontre. Derrière, s'avancent des hommes au maintien plus grave, des chefs à barbe blanche, puis des femmes qui se cramponnent à nos bottes pour nous baiser les genoux. Mais ce ne sont que les vieilles; les jeunes restent sous leur hutte, d'où, à mesure que nous passons, elles saluent notre arrivée d'un gloussement aigu. Tout le village est en rumeur.

Après avoir distribué force bonjours et force poignées de main à tout le monde, nous parvenons enfin à l'enclos de la mission, où nous laissons Monseigneur et sa suite. Celui de M. Münzinger est contigu, et c'est là que je cours me soustraire à l'enthousiasme des populations.

Dès l'abord, je ne raffole pas de Keren. La voilà donc, cette capitale tant vantée. Je m'en étais fait une autre idée. Deux ou trois cents cabanes construites en chaume, et entourées chacune de pas mal d'ordures, c'est là tout ce qu'il m'est donné d'admirer. Celles des notables sont précédées d'une cour que défend une clôture d'épines. Cet espace vide est réservé aux bestiaux qu'on y rentre la nuit, pour les en faire sortir au point du jour. Mais, le lendemain, il subsiste encore sur le sol tant de traces désobligeantes de leurs nocturnes ébats, qu'il est difficile aux délicats d'y découvrir un emplacement où risquer le pied sans complications désagréables.

Le type des habitants offre à l'examen presque autant de variétés dans la physionomie, dans la couleur de la peau, qu'il y a d'individus. Le costume est moins bigarré. Pour les hommes faits, un morceau de toile roulé autour des reins et une lance; quelquefois pas de toile, mais toujours une lance. Pour les jeunes garçons encore moins de recherche; les mieux vêtus ont une façon de culotte, une pièce de cuir, veux-je dire, découpée en triangle, qui s'applique sur le bas du ventre et se rattache à la ceinture au moyen de trois cordonnets dont il est facile de se figurer, à peu de chose près, la disposition.

Cet appendice, en même temps, sert à maint autre usage domestique. J'avais pris, en effet, à mon service, dès notre arrivée, pour m'y rendre plus populaire, un jeune gars de Keren, d'une quinzaine d'années, auquel était dévolue plus spécialement la confection de mon pain. Un jour, je l'aperçois, accroupi dans un coin et se livrant à une manipulation active dont je ne distinguais pas nettement l'objet. Il me tournait le dos ; je m'approche, et alors je me rends un compte exact de la situation : à terre et à portée de sa main, deux calebasses, l'une pleine d'eau, l'autre pleine de dourah écrasé ; puis, devant lui, sa culotte primitive étendue sur le sol. C'était dans ce récipient d'un nouveau genre qu'il pétrissait, avec une candeur qui n'avait d'égal que son zèle, la pâte rudimentaire appelée à me restaurer. Eh, mon Dieu ! ce n'en était pas plus mauvais ; — affaire d'habitude ou de préjugé.

Pour les femmes, nous sommes près du Soudan, et l'influence s'en fait sentir. Celles qui sont mariées revêtent, comme aux rives du fleuve Blanc, la *farde* aux couleurs multiples où le bleu domine : c'est une grande pièce de cotonnade tissée par la main indigène. Elles s'en drapent plus ou moins, suivant les heures de la journée, avec un abandon qui n'est pas dénué de grâce. La fraîcheur du matin les y trouve enveloppées de la tête aux pieds ; les yeux noirs de nos frileuses, seuls, laissent passer leurs éclairs à travers la fente unique qu'elles maintiennent coquettement entr'ouverte sur leur visage. Puis, à mesure que les rayons du soleil échauffent l'atmosphère, les plis de l'étoffe se desserrent peu à peu ; la voilà qui dégage le front, qui tombe sur le cou ; elle glisse des épaules, le buste se découvre ; enfin, à midi, à peine la poitrine rebondie

est-elle encore voilée. C'est charmant chez les jeunes,
hideux chez les vieilles.

Quant aux jeunes filles, elles portent, noué autour
des reins, le *raât*, espèce de caparaçon qui rappelle
exactement ceux dont, l'été, nous recouvrons nos chevaux, afin d'en éloigner les mouches. Chez elles, les
franges, fixées à une lanière de cuir, partent du haut
des hanches et s'arrêtent au-dessus du genou, s'écartant au moindre mouvement ou à la plus légère brise.
Or, ces demoiselles s'agitent beaucoup, et le zéphyr
souffle souvent!

L'abondance de la chevelure est commune aux deux
sexes. Les hommes laissent, d'ordinaire, croître au-
dessus du front un énorme toupet tout autour duquel
s'étage une rangée de boucles artistement frisées. Les
femmes nattent leurs cheveux en une infinité de tresses
minces et uniformes qui ne dépassent pas le cou, et
dont l'ensemble rappelle les coiffures à la Ninon. Parfois, elles y ajoutent quelques perles en verroteries ou
de petits coquillages, des cauris. Chez les uns comme
chez les autres, des ruisseaux de beurre ou de graisse
fondue destinés à en assouplir la roideur naturelle,
découlent constamment de ces œuvres d'art capillaires.

J'ai le loisir de contempler des exemplaires de tous
ces types devant la maison de mon hôte. Plus spacieuse
et plus propre que celles du commun, cette demeure
n'en diffère cependant ni par l'architecture, ni par
l'apparence. Mais tous, au loin, la connaissent, et la

foule est grande de ceux qui viennent souhaiter la bienvenue au consul français, comme ils disent, en profitant de la circonstance pour boire et manger à ses frais. Il a bien fallu trois quarts d'heure pour m'en construire une à côté.

Toutes les deux sont adossées au rocher escarpé qui domine la plaine, et dont les flancs sont couverts d'une végétation touffue. C'est, depuis longtemps, le repaire d'un léopard avec lequel le village ne vit pas en trop mauvaise intelligence. Par-ci par-là, il est vrai, une chèvre manque bien à l'appel, mais le pays est tellement giboyeux que ces larcins sont rares. Toutes les nuits, avec les ténèbres, commencent les rugissements de la bête, qui, après avoir dormi la journée, se livre alors à ses pérégrinations et à ses petites affaires. La première fois, ce voisinage immédiat me tint quelque peu éveillé; ensuite je n'y songeai plus.

Au matin, un bruit inaccoutumé me frappe l'oreille. Je me dresse sur mon séant, j'écoute. Oui! c'est bien cela! L'église est à quelques pas, et je distingue le son de la cloche. Oh! comme ce bruit banal, et même importun quelquefois dans nos villes, lorsqu'il s'échappe avec fracas des clochers d'une somptueuse cathédrale, parle doucement au cœur dès qu'il n'est plus que le tintement timide d'une humble clochette pendue à la chapelle des lointaines solitudes! Que d'images oubliées il évoque! que de souvenirs assoupis il ranime!

C'est l'heureuse enfance, c'est le foyer paternel, c'est
la patrie regrettée, c'est la pauvre mère qui prie et
qui vous pleure là-bas!... C'est tout ce qu'on a quitté,
tout ce qu'on aime.

Je me lève. Je me hâte. L'évêque allait célébrer sa
première messe au milieu des peuples confiés à son
zèle évangélique. Les murs délabrés du sanctuaire
laissaient, à travers leurs fissures, arriver tous les
bourdonnements du dehors; l'autel était en ruine;
des fidèles convoqués, à peine deux ou trois étaient-ils
agenouillés, d'un air distrait et curieux, sur la poussière du sol nu... Eh bien! aucune solennité religieuse
entourée de toutes les pompes de notre culte; aucune
de ces harmonieuses prières montant, avec la fumée
de l'encens et les plaintes de l'orgue, vers des voûtes
altières; non! rien, rien de tout cela n'ira jamais à
l'âme autant que l'aspect désolé de cette pieuse enceinte
tombant de vétusté, autant que la voix isolée de ce
prêtre s'élevant pour bénir une foule absente; et plus
encore, autant que cette petite croix grossière, debout
au milieu de la barbarie et du désert, épave consola-
trice et chère aux exilés, aux malheureux, et plantée
là comme l'immuable jalon de la régénération pro-
mise dans l'avenir aux déshérités d i passé.

Durant le saint sacrifice, deux mariages sont con-
sacrés, ou plutôt régularisés, car depuis plusieurs
années déjà les nouveaux époux n'en sont plus aux
préliminaires. Le premier est celui de serviteurs indi-

gènes de la mission, que les remontrances de l'évêque
ont décidés, la veille, à se soumettre à une cérémonie
dont jusqu'alors personne n'avait pris souci de leur
faire comprendre l'avantage ou la moralité.

Le second est plus caractéristique. Ce n'est autre
que l'union du vice-consul de France avec une femme
indigène.

A l'origine de son séjour en Abyssinie, M. Münzinger
était devenu propriétaire, suivant les mœurs locales,
d'une esclave un tantinet jaune, dont il avait fait sa
compagne. Découvrant en elle des qualités sérieuses,
il s'y était attaché, puis avait fini par l'installer chez
lui à titre de femme légitime, sans qu'il manquât à ce
lien d'autre sanction que la cérémonie religieuse, peu
nécessaire, comme on sait, aux yeux de la légalité indulgente du pays.

Mis au courant de cette situation anormale, l'évêque
s'était donné la tâche d'y porter remède, et n'avait
trouvé rien de mieux que d'exhorter notre vice-consul
à contracter nettement un mariage régulier. Celui-ci
ne s'était pas fait prier, et, dès le lendemain même de
son retour, il se hâtait, ainsi que je viens de le raconter,
de déférer aux conseils du prélat. Ce fut moi qui lui
servis de témoin, et mon parafe, actuellement, s'é-
tale en cette qualité, tout au long, sur les registres de
la paroisse de Keren.

Je n'avais pas encore été présenté à la fiancée. Elle
apparut à l'autel couverte, de la tête aux pieds, d'un

quàrri dont les plis laissaient tout au plus entrevoir les longs cils de ses yeux baissés. Son mari semblait heureux et satisfait. Nulle trace d'hésitation ne se montrait dans son attitude ou sur sa physionomie. Il y avait longtemps, du reste, que je connaissais son affection pour cette femme. Il ne l'avait jamais cachée.

Après la cérémonie, je fus admis à l'honneur d'adresser mes compliments à madame, et par conséquent à celui de la voir. Elle m'attendait dans la chambre nuptiale, sous ce toit qu'elle habitait déjà depuis près d'une dizaine d'années. Un peu plus grande et plus élégante à l'intérieur que celles du commun des habitants, la maison, de forme rectangulaire, était construite en chaume, et se divisait en deux pièces. Lorsque j'y pénétrai, la première, à la fois vestibule et magasin, était encombrée d'ustensiles et de provisions de toute nature. Les sacs de farine, les outres de miel et de beurre, reposaient pêle-mêle au milieu des selles et des armes. En un coin, des vestiges bleuâtres d'une fumée douce et parfumée s'échappaient d'un trou à moitié plein de cendres, creusé dans le plancher, je veux dire le sol même. C'était là que, la veille, en prévision de l'arrivée de son seigneur et maître, la jeune femme avait pris son « bain de fumée ».

C'est un usage général, en effet, que la mode, si ce n'est pas l'amour, impose, en pareil cas, à l'aristocratie féminine de ces contrées.

Lorsque l'être aimé est attendu, au retour d'une

absence de quelque durée, des plantes aromatiques, des branches d'arbustes odoriférants, sont entassées avec art dans un grand trou; puis on y met le feu de manière que la flamme, savamment étouffée, ne laisse échapper au dehors que des flocons d'une tiède fumée.

Hermétiquement enveloppée d'un quârri qui ferme toute issue à l'air extérieur, la femme vient alors s'accroupir sur ce foyer concentré. Elle y demeure assez longtemps pour qu'en montant, la fumée, retenue par l'épais tissu, imprègne de ses parfums tous les pores de la peau, et communique au corps une souplesse voluptueuse, chère, paraît-il, aux mystères des tendresses conjugales. C'est là une opération délicate et importante dont l'accomplissement requiert des précautions minutieuses, non moins qu'une haute expérience. Ce n'est pas assez, pour les raffinées, des soins obligatoires d'une servante. Le concours d'une matrone habile est indispensable. Celle-ci doit surveiller les préparatifs, présider à tous les détails, et, l'épreuve terminée, un riche cadeau récompense sa peine. Souvent, le lendemain, la munificence de l'époux satisfait en double la valeur. C'est le triomphe de l'art.

Madame n'avait eu garde de rien omettre de toutes ces précautions. Seulement, je n'ai jamais su si, cette fois, la matrone employée reçut doubles honoraires.

Après avoir traversé cette première partie de l'appartement où la porte seule donnait accès à la lumière du jour, je fus admis dans le sanctuaire. Presque tout l'espace en était occupé par un immense angareb, comme qui dirait, chez nous, un lit à deux places, recouvert de tapis ou de coussins sur lesquels, côte à côte, étaient à demi couchés le vice-consul et sa moitié. Au-dessus de leur tête, une espèce de dais, ou mieux, une cage rappelant la coquille d'un œuf immense coupé par le milieu, en minces lattes d'un bois flexible tressées à jour. C'était, si l'on veut, l'alcôve de la couche des époux, ménageant à leurs caresses un boudoir plus intime au milieu de la grande pièce.

Madame me tendit la main, en me souhaitant la bienvenue, et je m'assis auprès de l'angareb. Sa beauté olivâtre fut loin de me séduire tout d'abord, mais, en la fréquentant, par la suite, j'eus lieu de reconnaître qu'elle possédait une supériorité intellectuelle, et surtout une adresse native bien faites, dans ce milieu sauvage, pour captiver et retenir même un Européen. Elle portait, à la narine gauche, l'anneau d'or indice de son rang.

Ce fut, on s'en doute, un jour de liesse pour tout le village et les lieux circonvoisins. Les visiteurs se succédaient, et la cour ne désemplissait pas.

Que de poignées de main et de félicitations échangées! J'avais ouvert le feu. Le vaste enclos d'épines qui entourait la maison était envahi, et le gros de la foule attendait, silencieusement, aux alentours, la curée traditionnelle. On n'eut pas trop longtemps à gémir. Bientôt d'énormes calebasses pleines de tedj circulèrent. Puis, les quartiers de viande bouillie, et enfin le *brondo,* le mets national. C'est tout simplement de la viande crue qu'on mange en en trempant les morceaux dans une purée de poivre rouge. Le plus communément, une cuisse de vache, que l'on suspend entre trois piquets en faisceau, en fait les frais. Les convives s'installent alentour, leur couteau à la main, et chacun d'en découper à tour de rôle, à même, de longues lanières sanguinolentes, qu'ils engloutissent avec la rapidité de l'éclair.

Malheureusement l'usage de ce mets, si succulent qu'il soit, entraîne un léger inconvénient ; je veux parler du ténia, le ver solitaire, auquel échappent bien peu d'Abyssins. Mais le remède, chez eux, est à côté du mal, et le *kóusso* leur pousse sous la main. Aussi est-il de mode de s'en administrer régulièrement une forte dose, à époques convenues. Tout homme qui se respecte ne saurait s'en affranchir. C'est admis, c'est même imposé ; et l'opinion publique flétrirait sévèrement quiconque serait signalé notoirement comme ne se pliant pas à cette coutume, au moins une fois par mois. Les Anglais n'absorbent pas avec plus de méthode leur magnésie ou leurs *blue-pills.*

Je ne sais combien de vaches furent immolées à cette occasion. Mais, durant plusieurs nuits, les hurlements des hyènes et des chacals attestèrent que la provision ne s'épuisait pas promptement.

L'évêque se tenait à l'écart de ces fêtes. Fraîchement

débarqué d'Europe, et peu initié jusqu'alors à ces usages barbares, il n'en prenait pas toujours avec assez de
longanimité la manifestation naïve. L'état d'abandon
où se trouve reléguée, chez ces pauvres gens, la cul-
ture morale de l'esprit le révoltait. Son indignation ne
fléchissait pas sur ce point, et s'exhalait en termes
irrités. En revanche, il fallait voir le candide étonnement avec lequel les uns et les autres l'écoutaient lorsqu'il tonnait, du haut de sa conscience de prêtre, contre
le déréglement sans artifices de leurs mœurs. Bien peu
de notions moralisatrices avaient, en effet, résisté au
courant des dernières années, et la tâche à entreprendre
était rude. Mais, auparavant, il était indispensable de
s'occuper des nécessités physiques, et le plus sûr chemin, pour arriver à leur intelligence et à leur cœur,
était de s'appliquer, avec sollicitude, non moins à
effacer la trace des désastres passés qu'à en prévenir le
retour.

. Nous avions avec nous, ai-je dit, des fonds confiés à
l'évêque lors de son départ d'Europe, par le gouvernement français, pour être répartis parmi les peuplades
qu'avait décimées la famine. La nouvelle s'en était
bien vite répandue, et dès le premier instant de notre
séjour, ç'avait été à qui invoquerait les titres les mieux
établis, ou étalerait les misères les plus émouvantes.
Afin de procéder à une répartition équitable, il fut
arrêté que tous les chefs des hautes et des basses terres
seraient convoqués en assemblée générale sous la pré-

sidence du prélat, et que là, non-seulement on aviserait aux moyens de dispenser les secours, sans qu'ils courussent le risque de s'égarer sur la tête des moins nécessiteux, mais qu'en même temps, tous les griefs, tous les besoins des Bogos, seraient exposés par l'organe de leurs représentants, de manière que l'écho pût en parvenir jusqu'au gouvernement magnanime qui consentait à étendre au-dessus d'eux sa puissante protection.

Keren est assis à 600 pieds au-dessus du niveau de la mer, tout contre le rocher aux flancs garnis de broussailles, dont j'ai parlé, et que couronne aujourd'hui une forteresse égyptienne. Le village descend en pente douce vers un petit ravin dont la ligne sombre coupe l'horizon du nord au sud, pour aller rejoindre l'Ansaba. Une place circulaire assez vaste, au milieu de laquelle se dresse un vieux sycomore, le partage en deux. C'est le lieu ordinaire de réunion des notables. S'écartant des règles féodales qui continuent à régir l'Abyssinie proprement dite, la constitution des Bogos offre en quelque sorte le type d'une fédération républicaine où chaque agglomération jouit de droits équivalents, et intervient, par la voix de son chef, dans toutes les questions qui concernent la nation. Malgré l'étiquette hiérarchique que l'origine maintient nettement entre eux dans leurs rapports respectifs, chacun de ces derniers est admis, au même degré, à se faire entendre et à émettre son avis. L'opinion de la majorité dicte la loi, et, s'il en est dans le nombre qui se rappellent parfois incidemment que l'autorité d'un pouvoir suzerain plane encore de loin sur leurs délibérations, bien peu sont, néanmoins, disposés à en tenir compte, tant qu'une menace directe ou un danger imminent n'est pas là pour les en faire souvenir à propos.

Cet endroit est donc la scène auguste où se débattent les plus graves intérêts du pays, où se traitent et se discutent les préliminaires de paix et de guerre, où s'entament et se jugent les procès privés ou publics. Il est vrai que c'est aussi le théâtre des ébats de la jeunesse. Dans les années d'abondance, alors que tout est à la gaieté et à l'espérance, les filles s'y livrent au plaisir de la danse et de la musique. Bien que les Bogos n'eussent pas à se féliciter beaucoup sous ce rapport, notre arrivée parmi eux y avait cependant ranimé la confiance, et l'argent que nous apportions leur paraissait une aubaine d'autant plus appréciable qu'ils en ignoraient encore les proportions. Avec nous la joie était donc rentrée dans le village, et nous nous en aperçûmes dès le lendemain.

A peine la nuit tombée, j'entendis comme un ronron obstiné, qui retentissait avec rage et me rappelait celui du tambourin. Puis des chants aigus, dont la note stridente dominait le bruit de l'instrument. Le tapage semblait venir de la place publique, qui m'avait été indiquée le matin. Je m'y dirigeai. En effet, tout le village était là, assis par terre et formant un grand

rond autour d'un cercle d'une vingtaine de jeunes filles
debout et se démenant à qui mieux mieux. Au milieu,
l'une d'elles tenait un tambourin sur lequel elle frappait à coups redoublés, de la paume de la main, tandis
que ses compagnes chantaient en se balançant de droite
à gauche, sur un rhythme uniforme.

Gœrguis m'avait accompagné. Je lui demandai ce
que chantaient ces demoiselles.

— Ce sont toujours, me répondit-il, des allusions
aux événements du jour. Chacune entonne, à son tour,
ce qui lui vient à l'esprit, et les autres reprennent en
chœur le refrain, qui ne varie pas. Aujourd'hui, il est
question de votre visite à Keren.

On entendait en ce moment la voix d'une grande fille,
élancée et gracieuse, dont le fausset déchirait l'espace.

— Voici ce que chante celle-ci, reprit-il :

> Ils sont arrivés, les seigneurs de France,
> Et ils apportent beaucoup d'argent.
> Ils le sèmeront dans la terre des Bogos,
> Et il en sortira une moisson d'or.

Et toutes, ce solo terminé, sans plus interrompre
que la première leur balancement continuel, de répéter
avec ensemble :

> Ils sont arrivés, les seigneurs de France,
> Et ils apportent beaucoup d'argent.

C'était le refrain.

Puis, après la grande fille, une autre improvisatrice
recommença :

Il faut être vigilant pour récolter cette moisson d'or.
Ne la laissons pas piller par les Barcas.

Et le chœur de reprendre :

Ils sont arrivés, les seigneurs de France,
Et ils apportent beaucoup d'argent.

A la fin de chaque stance, par un mouvement de « par le flanc droit », toutes se saisissaient simultanément la taille, faisaient deux ou trois pas en piétinant à peu près sur place, et, revenant « face au centre », reprenaient leur balancement d'ours à la chaîne.

Le tambourin ne cessait pas, et celle qui en jouait continuait ses battements avec le même entrain et la même mesure.

— Comment s'appelle cet instrument? demandai-je.

— Un *taboura*...

Un taboura! Plus tard, j'ai retrouvé le nom et l'instrument dans tout l'Orient, à Mascate, comme sur les bords de la mer Rouge, comme en Perse, ou dans la vallée de l'Euphrate. D'où viennent l'un et l'autre? Quelle peut bien en être l'origine? Ont-ils été jetés, au hasard d'une de leurs escales, par les marins de Provence chez lesquels l'usage en est populaire, et le tambourin, par une corruption naturelle, est-il devenu le taboura? Ou bien est-ce le contraire, et fut-ce la conquête arabe qui l'apporta avec elle en Espagne, et y laissa le taboura pour s'appeler le tambourin?... Je livre ce problème aux étymologistes.

Toujours est-il que, deux jours après, le taboura et

les divertissements rentrés dans le silence, d'un commun accord, les chefs convoqués se réunirent là pour tenir un conciliabule préalable, et se concerter, avant de se rendre à la mission catholique où le rendez-vous avait été assigné.

Leur programme arrêté, leurs mesures prises, dès que l'ardeur du soleil eut un peu diminué, ils s'ébranlèrent et envahirent la cour. Puis, majestueusement, ils se déployèrent en demi-cercle, et s'accroupirent sur leurs talons, en face de quatre escabeaux réservés à l'évêque et au Père Delmonte, à M. Münzinger qui devait servir d'interprète, et à moi.

Ils étaient environ une trentaine, jeunes ou vieux, tous issus de la race conquérante, et descendants des plus anciennes familles. Deux, plus particulièrement, paraissaient jouir d'une influence notoire sur le reste du groupe. L'un, m'expliqua-t-on, grand chef légitime de par la tradition, mais appauvri peu à peu par des revers, ne devait plus son prestige qu'à l'antiquité de son origine, tandis que l'autre, bien que moins noble, mais fort riche, exerçait en réalité sur tous une action prépondérante à cause de sa fortune. Des troupeaux considérables, des terres d'une vaste étendue, voilà en quoi, suivant la coutume bogos, consistait cette fortune; et l'on comprend que l'existence individuelle de bien des gens y était attachée.

Ce fut néanmoins le premier qui porta la parole.

Pas plus au pays d'Éthiopie que chez d'autres, les

avocats ne font défaut, et la prolixité n'est pas la
moindre vertu des orateurs qu'improvisent les circonstances. Celui-ci entama un exorde qui menaçait
de remonter jusqu'à Salomon, leur ancêtre commun,
s'il n'avait été interrompu dès les premières phrases.
Ramené à son sujet, durant plus d'une heure cependant, il s'étendit sur les avantages merveilleux que la
France, l'Angleterre, et même la Russie, — sans qu'on
pût s'attendre à ce nom imprévu ; quant à l'Italie, elle
n'était pas encore entrée en scène, — devaient incon-
testablement trouver à protéger efficacement les Bogos.
Et peu leur importait, disait-il, que ce fût à l'une ou à
l'autre de ces puissances qu'ils eussent à obéir, pourvu
qu'elle assurât leur sécurité. Il leur fallait absolument
un chef, un gouverneur européen, quelle qu'en fût la na-
tionalité, qui, par sa présence, conjurât les périls dont
ils étaient environnés, qui les défendit contre les Égyptiens, et surtout qui les autorisât à se venger impunément
de leurs ennemis ou de leurs rivaux. Pendant longtemps
le missionnaire éloigné avait rempli ce rôle. Maintenant
qu'il était parti, ils en réclamaient un autre, prêtre ou
laïque, — là n'était point l'embarras, — dont la main
pût tenir une arme et sût s'en servir. Avant tout,
c'était à vivre qu'ils demandaient ; les enseignements
spirituels viendraient ensuite.

A ce moment-là, tous se mirent de la partie pour
appuyer les arguments de leur défenseur. On sentait
dans leur attitude, comme dans leurs paroles, je ne sais

quelle prévention d'hostilité et de méfiance à l'égard de l'évêque. C'est que celui-ci, surpris, dès le début, de ce langage, ne se gênait point pour dissimuler son mécontentement, ni pour répéter qu'il les avait convoqués, non pour écouter une conférence sociale et politique, mais pour remplir exclusivement auprès d'eux une mission de charité. Une plus ancienne expérience des mœurs de ces populations, et un séjour plus prolongé parmi elles, lui eussent appris qu'il est bien difficile de faire admettre, par des intelligences aussi peu ordonnées, la distinction subtile à établir entre ces principes.

— C'est une croix que je tiens, et non une épée, leur répondait vainement le prélat.

Qu'importait cette métaphore à une foule primitive, façonnée de longue date à voir l'une et l'autre dans la même main? Quelle signification pouvait évoquer à leurs yeux l'opposition de ces deux emblèmes, dont, au contraire, l'union séculaire avait toujours, chez eux, servi de signe de ralliement dans leurs guerres avec les musulmans?

La discussion s'était singulièrement écartée du but de la réunion. Et le fait est qu'à l'argent personne ne songeait guère plus. Encore moins pensait-on à remercier ceux qui l'avaient envoyé ou apporté. Même en Éthiopie, dès que la politique se glisse dans le débat, toute autre préoccupation s'en efface. Il en fut ainsi cette fois; et après d'orageuses agitations, la séance fut levée, sans qu'on eût pris ni décision ni parti. C'était à se croire au sein d'une assemblée française.

Le lendemain, l'évêque adopta la résolution par laquelle il eût dû commencer, et se mit en devoir de distribuer lui-même ses largesses, d'après les besoins qui lui étaient signalés, au fur et à mesure qu'il lui était permis d'en apprécier l'urgence sur des renseignements véridiques.

Quant à moi qui n'avais rien autre à faire, pendant ce temps j'explorais les environs, suivi de Gœrguis. Je poussai d'abord vers l'est, avec les sinuosités du torrent de l'Ansaba, un des plus larges et des mieux fournis d'eau de la région. Pour le moment, il est à sec, mais de grands trous creusés çà et là dans son lit découvrent, à un mètre de profondeur tout au plus, comme autant de sources fraîches et pures filtrant sous le sable. Les bords en sont garnis d'une végétation puissante. Des arbres magnifiques aux proportions phénoménales, des roseaux d'une élévation prodigieuse, des massifs de bambous, de lianes, d'arbustes divers attestent la fécondité du sol, et les collines au travers desquelles il s'est frayé une route sont revêtues de forêts touffues ou d'une herbe épaisse.

Là vit une faune abondante et variée, entre autres l'antilope agacen, avec sa bosse entre les deux épaules, à l'instar de celle du bison, et ses cornes en spirales plus hautes que le bois d'un cerf dix cors. Les dimensions de sa taille atteignent, dans leur complet développement, celles d'un cheval de forte encolure. D'ordinaire, ces animaux se réunissent en hardes de cinq à six femelles, sur lesquelles règne despotiquement un seul mâle, à la façon du coq au milieu de la basse-cour. Ensuite, le rhinocéros, le lion, la petite gazelle du Tigré, et enfin des quantités de perdrix, de pintades, se glissant sous le couvert des broussailles, et même de lièvres, toujours dédaignés par les superstitieuses répugnances de l'indigène[1]. Je ne parle pas de l'hyène, dont les hurlements sinistres vous assourdissent et s'échappent de tous les coins, dès que le jour est fini. Parmi les oiseaux, tout ce que j'avais déjà rencontré de si joli sur les hauts plateaux, mais, en plus, des volées de cailles arrivées récemment des régions européennes. C'était, en présence de tant de richesses cynégétiques, du trop menu gibier. Je les poussais devant moi à coups de pied. Puis, de mignonnes petites perruches, de celles qu'on appelle *inséparables,* que je n'avais encore vues nulle part. Il y en avait, caquetant et se becquetant, deux à deux, presque sur chaque arbre un peu élevé.

Les bandes de singes sont nombreuses. Mais elles s'écartent moins volontiers des rochers, dont les anfractuosités leur offrent des asiles plus sûrs que les branches. L'une d'elles avait établi son domicile en un quartier voisin de Keren, renommé pour la qualité

---

[1] *Mer Rouge et Abyssinie.*

du fourrage savoureux qui y croissait à profusion. C'était là que, chaque soir, mon jeune serviteur allait renouveler, pour le lendemain, la provision de ma mule. Mainte fois il s'était plaint à moi des niches dont ces damnés animaux le rendaient victime. Assez en forces et trop agiles pour avoir rien à redouter de ses atteintes, dès qu'il apparaissait, c'était à qui d'entre eux gambaderait autour de lui, ou même lui sauterait sur les épaules et lui tirerait les cheveux.

Deux ou trois fois, je l'avais accompagné, mon fusil sous le bras, résolu à leur infliger une leçon. Mais alors jamais, au grand jamais, ne s'était montré le museau de l'un d'eux. Tapis dans les feuilles, ils devinaient un ennemi redoutable, et se tenaient cois. Je résolus de changer de tactique. Habituellement, au retour, ils faisaient avec lui une partie du chemin, ne cessant leurs malices et leurs attaques qu'en vue des premières maisons. Bien avant cette heure-là, je me postai derrière un buisson et j'attendis. Mon homme revint comme de coutume, portant sur la tête une grosse botte d'herbe. Précisément deux singes étaient juchés dessus. Je ne pouvais tirer dans ces conditions. Mais avant même que je me fusse démasqué, à un mouvement ou à je ne sais quoi, mes deux macaques, flairant une embuscade, avaient déguerpi.

Pour en voir de près, je finis par en acheter un qui avait été pris au piége. Les indigènes disposent à cet effet, dans le voisinage d'une de leurs retraites, un vase au col étroit qu'ils ont, au préalable, rempli de noisettes ou de dattes. L'animal gourmand étire ses doigts flexibles, allonge sa patte, et, la glissant par l'ouverture, s'empare de tout ce qu'il peut saisir dans l'intérieur. Mais, une fois pleine, la même patte ne peut plus repasser par le goulot resserré où elle ne s'est déjà faufilée qu'à grand'peine. Cris de fureur alors de l'animal qui ne veut rien lâcher, et dont les guetteurs, accourus au bruit, s'emparent désormais sans difficulté. Les jeunes en captivité s'apprivoisent aisément. Rien de drôle comme le mien, lorsque je lui présentais un miroir : c'était à la fois un mélange d'étonnement, d'extase et de colère impayable, et les coups de pied circulaires qu'il adressait en dessous à ce camarade insaisissable provoquaient chez mes gens des éclats de gaieté qui leur ont fait passer plus d'un joyeux quart d'heure.

C'était d'un plus noble gibier dont, cette fois, j'avais souci. Dans ces fourrés de l'Ansaba j'allais à l'aventure un peu en étourdi, écartant du bras les buissons et les lianes, sans regarder en avant, ce qui eût été sage, lorsque tout à coup le bruit d'un ronflement sonore et saccadé me fait dresser l'oreille. Partout ailleurs, j'aurais cru entendre le souffle d'une locomotive en marche. C'était à s'y méprendre. Plus près, et se rapprochant peu à peu, un grand fracas de branches cassées, d'herbes et de feuilles froissées. Je m'arrêtai à l'entrée d'une clairière, la main sur la détente de ma carabine, et bientôt, à quelques pas en face de moi, la cime des roseaux ondula; une tête monstrueuse et bizarre en émergea; un animal énorme apparut : c'était un rhinocéros.

En m'apercevant, la bête demeura interdite. Nous étions, au plus, à quatre ou cinq mètres l'un de l'autre. Sans y réfléchir, instinctivement, j'épaulai, visant à la tête. Mon coup partit, et de nouveau un abominable tumulte, quelque chose de pareil à un tourbillon. Je ne savais pas, au juste, ce que je venais de faire; j'entendais comme dans un songe; je regardais à travers un nuage. Je me retournai; mon domestique, muet d'épouvante, gisait à plat ventre, la face contre terre... Que s'était-il donc passé? Le pauvre diable, en me voyant tirer sur le rhinocéros, nous avait jugés perdus tous les deux. Jamais, en effet, le terrible quadrupède, à ce que j'appris plus tard, ne recule devant une agression. Il fonce, au contraire, corne baissée, sur l'imprudent qui ose se mesurer avec lui, ou même se rencontrer par hasard sur ses pas. Comment tout cela s'était-il arrangé? Il fuyait cette fois... Il est à croire que, sans grave blessure, plus surpris encore de mon visage blanc et plus effrayé de la détonation de mon arme, qu'irrité du choc insignifiant dont avait été frappée son invulnérable cuirasse, l'animal, sous la terreur de ces deux sensations si nouvelles, avait nstinctivement cherché à y échapper. Ce fut heureux pour moi.

6.

Mais, pour le moment, tout aux regrets d'avoir
manqué une aussi belle proie, et raillant la poltron-
nerie de mon homme, je me remis en quête de quelque piste intéressante. Ce fut une antilope agacen qui
s'offrit à mes coups. Il ne fut ni long ni difficile de tuer
celle-là. A terre, inanimée, elle semblait énorme.
C'était un mâle déjà vieux dont les cornes avaient
atteint le maximum de leur développement, et dont
le pelage me rappelait celui du cerf. Sa bosse charnue
fournit le soir à mon souper un mets exquis et délicat.

En laissant le torrent à droite, et en remontant vers
le nord, je gravis des coteaux au penchant desquels se
montraient, de temps à autre, quelques misérables
hameaux, et de belles vaches grasses gardées par de
vilains bergers maigres. C'était la zone frontière, mal
définie, des Bogos et des Barias. A une halte, Gœrguis,
redevenu brave et bavard, me fit griller, tout en causant, à la flamme d'un feu allumé à la hâte, un quartier
de gazelle, que je mangeai, tandis qu'autour de moi,
accroupis en rond comme une meute, une demi-dou-
zaine de ces infortunés me contemplaient avec des
yeux d'envie. Chaque os que je rejetais était disputé,
ramassé par eux, et les lambeaux de chair qui y
adhéraient aussitôt dévorés. C'était à soulever le cœur.

Ces pauvres êtres alternativement chrétiens ou musulmans, suivant que l'une des deux religions leur offre
momentanément le plus de bénéfices, s'imposent à
peine le labeur de gratter un peu cette terre fertile qui

ne demande cependant qu'à produire. Ils y jettent quelques grains de dourah, lorsque tombent les premières pluies, pour n'en cueillir les épis que si les sauterelles ou l'ennemi les épargnent, sans avoir songé jamais à se dire qu'un travail plus constant leur procurerait, à bien peu de frais, l'abondance et le bien-être.

Cette indolence trouve une excuse naturelle, il est vrai, dans l'état d'anarchie permanente et de ravages périodiques auxquels sont en proie ces malheureuses contrées. D'un village à l'autre, c'est une rivalité sans trève, une lutte d'âpres convoitises, et chacun juge plus commode et plus profitable d'attendre, des heureux hasards d'une expédition bien conduite, ce qu'il est certain de ne pouvoir espérer des efforts réguliers d'une existence paisible. Les rivalités religieuses servent de prétexte ordinaire à ces hostilités journalières. Mais s'il est hors de doute que là fut, en effet, le point de départ de la situation, il est non moins vrai qu'aujourd'hui l'appât du butin offre un attrait bien suffisant aux appétits surexcités, et qu'on ne s'arme plus qu'à bon escient, lorsque les rapports des espions sans cesse aux aguets ont averti de la présence rapprochée de quelque troupeau considérable, ou du passage clandestin d'une opulente caravane.

Je fus même sollicité, durant mon séjour à Keren, de me joindre à l'une de ces razzias, projetée depuis longtemps par les Bogos en représailles contre leurs voisins immédiats les Barias, et dont l'objectif devait être l'un des villages de ces derniers, devenu temporairement, à cause de sa position au milieu de riches pâturages, le rendez-vous de tous les bestiaux de la tribu. Il est probable, je le confesse, que j'aurais cédé, cette fois encore, à la tentation de me mêler, comme jadis avec Dedjatch Haïlou [1], aux péripéties émouvantes de ce drame, en me flattant de parvenir peut-être, par mon autorité, à atténuer l'horreur des scènes qui l'auraient infailliblement ensanglanté. Mais, la veille du jour fixé, de nouveaux renseignements apprirent que les troupeaux avaient été emmenés, et avec ce départ s'évanouissait tout motif pratique d'incursion.

[1] *Mer Rouge et Abyssinie.*

CHAPITRE V

Le Soudan. — La chasse au lion. — Guedena. — Le chien d'Ali.

Pour me dédommager, je repris le cours de mes pérégrinations individuelles. J'adjoignis à Gœrguis et à Ibrahim un guide des Barias, et je poussai du côté du Soudan, au nord, vers le Barca.

A quelques heures de Keren, lorsque nous eûmes contourné le bastion de montagnes qui forme comme une ceinture tout autour de la terre des Bogos, et franchi le Debré-Salé, je découvris, en face de moi, une longue vallée large et accidentée, coupée de coteaux et de défilés, dont le fond était occupé par le lit desséché d'une rivière que je me mis à suivre. C'était le Barca, qui, en coulant d'abord de l'est à l'ouest, puis par un coude brusque remontant vers le nord, donne son nom à la vaste contrée dont Souakim est la porte, ainsi qu'à l'ensemble des nombreuses tribus qui vivent dispersées sur ses bords, et va déverser ses eaux, lorsqu'il en a, dans la mer Rouge, non loin de Tokar.

Je me proposais d'aller jusqu'au pays de Guedena. Trois jours de marche m'y conduisirent sans autres incidents que les haltes régulières au bord des aiguades, et les rencontres ordinaires du désert. La région continuait à présenter l'aspect général de celle que je quittais, avec une inclinaison marquée, néanmoins, vers la mer, et le sol s'infléchissant en terrasses tourmentées du côté du Soudan dont elle dépend. Mais, en dehors de cette similitude géologique dans la configuration géographique de leurs domaines, et malgré l'analogie de leurs aspirations ou de leurs besoins, rien de commun, ni pour le caractère ni pour les mœurs, chez ces deux populations, si voisines cependant. Après les Bogos démoralisés et larmoyants, j'allais trouver des individualités viriles, résolues, qui, bien que musulmanes, n'en repoussent pas moins avec dédain la suprématie de l'Égypte, et ne consentent à lui payer accidentellement un tribut dérisoire que pour assurer à leur trafic ou à leurs appétits les débouchés indispensables de Souakim et de Khartoum. C'est la vieille race de Nubie. Il est vrai qu'elle a jadis accepté de l'invasion arabe les doctrines religieuses, mais elle n'a cessé d'en combattre la domination politique; et aujourd'hui encore, malgré des croisements où le sang du conquérant s'est largement mêlé au sien, elle garde la même haine contre ceux qui prétendent l'asservir.

Les instincts séculaires de rapine y ont survécu aussi dans toute leur âpreté farouche, et s'il ne s'y rencontre aucun vestige de la décrépitude intellectuelle sous le poids de laquelle a fléchi l'antique vigueur des Bogos, on n'y découvre, non plus, aucune lueur de l'assainissement moral dont les enseignements chrétiens laissent quand même la semence derrière eux. Ce sont des Bédouins dans toute l'acception du mot, des sauvages, menant une existence vagabonde, sans installations, sans villages, sans villes. Du campement de la veille, plus de traces le lendemain, dès que l'appât du butin, la poursuite du gibier, sollicitent leurs convoitises ou stimulent leurs appétits un peu plus loin. Chez les Barcas, la guerre ou la chasse, voilà toute la vie ; et pour eux, l'une comme l'autre se présentent avec le même cortége d'excitations belliqueuses ou de dangers sérieux.

Le lion est l'hôte le plus habituel de ces solitudes. Pour l'attaquer, lorsque le repaire en est connu, toute une tribu se réunit et se concerte. Pas d'autres armes que la lance et le cimeterre traditionnels. A le voir, ce sabre semble primitif. Entre leurs mains il devient terrible. Point de fusil. Un bouclier à peine assez large pour couvrir la poitrine. D'ordinaire, il est en peau de buffle, quelquefois en peau de rhinocéros ou d'hippopotame. Celui-là est l'attribut des chefs, et de minces lames d'argent y ajoutent alors leur éclat. Autour de la bête au repos, les chasseurs forment silencieusement un cercle immense ; puis ils se mettent en mouvement, en ramenant leur bouclier au-dessus de la tête, comme jadis la manœuvre de la tortue chez les légions

romaines, et le cercle marche pour se rétrécir graduellement. Tout à coup les clameurs éclatent, les
lances volent; le lion réveillé s'est dressé en secouant
sa crinière. Il est blessé, furieux; il rugit et bondit en
avant. Deux ou trois victimes tombent broyées et sanglantes. Mais tous les autres se jettent sur lui, et à
coups de sabre le hachent sur le cadavre des leurs.

A la guerre, même tactique intrépide. L'ennemi
s'avance-t-il? Sans qu'il s'en doute, dès la première
étape, il est surveillé, espionné. Pas un de ses mouve-
ments, pas une de ses dispositions n'échappe à l'œil
de ceux qu'il se propose de surprendre. Et ceux-là, à
son insu, sauront le conduire, l'attirer jusqu'aux lieux
propres où il leur conviendra de se révéler et d'attaquer eux-mêmes. A ce moment, toute la plaine autour
de la colonne, devant, derrière, sur les flancs, sans
qu'elle le soupçonne, est bondée d'assaillants. Par deux,
par trois, chaque broussaille, chaque touffe d'herbes
en cache ou en recèle; la teinte sombre de leurs corps
à demi nus se confond avec celle du terrain. Soudain
le signal est donné, l'élan est unanime, et les voilà
qui, la lance jetée, le sabre à la main, le poignard aux
dents, bondissent en rugissant comme des bêtes fauves.
Ah! il faut avoir le cœur solide pour ne pas se sentir
pris d'épouvante à l'aspect de ces démons en délire, au
bruit de leurs vociférations stridentes, à la vue de cette
fourmilière affolée de rage. Et l'on a besoin d'être sur
ses gardes, pour repousser ces furieux auxquels la

mort n'offre que des attraits, qui voient au delà tous les délices du paradis des vrais croyants, et qui n'aspirent qu'à les gagner. Demandez aux Anglais de Trinkitat ou d'Abou-Klea !

Tout en conservant intacte la tradition de ces qualités guerrières, la tribu de Guedena jouissait d'une renommée moins farouche. Ses mœurs plus policées, ses habitudes plus sédentaires, l'hospitalité de son accueil, la richesse de ses troupeaux, et notamment la beauté de ses chevaux, lui avaient acquis une réputation qui s'étendait bien au delà des limites du Barca. Son chef actuel, le vieux Hadji-Achmed-Ben-Saïd, était reconnu comme l'un des plus sages, des plus expérimentés et des plus braves. Il ne s'en était pas tenu au pèlerinage traditionnel de la Mecque. Il avait voulu voir de près, à Alexandrie et au Caire, les soi-disant maîtres de son pays, et n'y avait pas plus appris à les estimer que, plus tard, à Aden, témoin de la brutalité de leurs exactions et du mensonge de leur philanthropie intéressée, il ne s'était senti porté à aimer les Anglais. De retour par Massaouah, il était monté jusqu'aux plateaux de l'Éthiopie. Ce fut précisément Gœrguis, descendu tout récemment dans cette dernière ville avec un convoi de marchands, qui l'y conduisit et le mit à même de parcourir en paix le Tigré et l'Hamacen. De cette époque datait entre les deux hommes une étroite amitié. Aussi était-ce, en partie, à l'instigation de mon domestique, que je m'étais décidé à tourner mes pas du côté de Guedena.

Un exprès dépêché par lui avait averti le cheik, dont quelques-uns des hommes s'étaient avancés à notre rencontre jusqu'à une demi-journée de marche. Lui-même m'avait fait préparer à la hâte une cabane voisine de la sienne. Mais, avec la dignité des Orientaux et leur discrétion native, il ne voulait se montrer que lorsque ma propre convenance y souscrirait.

A peine avais-je pris possession de mon domicile éphémère qu'une belle esclave du Kordofan entrait chargée d'un baquet d'eau tiède parfumée pour me laver les pieds. Il n'y avait pas à s'en défendre, et bien que je fusse arrivé à cheval, j'étais obligé de me soumettre à l'usage, et de me déchausser pour subir ce bain obligatoire. Une seconde déposait en même temps dans un coin une jatte pleine de lait. C'était une sorte de coupe profonde en paille tressée, façonnée avec tant d'art, et les brins si serrés, que pas une goutte ne s'en échappait. Lorsque mon hôte m'eut jugé suffisamment reposé et rafraîchi, il me fit demander si je pouvais le recevoir. Je répondis en me présentant à sa case en personne.

C'était un beau vieillard. Les plis d'une pièce de toile jetée sur les épaules drapaient à demi son torse nu, mais vigoureux. Au haut du bras gauche, un sachet en cuir attaché par des petits cordonnets contenait ses amulettes, des versets du Coran sur parchemin. Sa barbe était blanche, toute frisée. Il ne portait ni coiffure ni turban. Dans sa chevelure grise, assez épaisse, était fichée une longue épingle en corne de rhinocéros, qui me rappelait celles dont nos dames se servent pour retenir leur chapeau. De temps à autre, la vérité me force à le confesser, il la retirait pour s'en curer les dents. Sa peau était d'un noir assez clair, ses traits d'une finesse exquise, son profil d'une pureté sévère.

Il me fit asseoir sur l'angareb qu'il occupait lui-même, sous un hangar adjacent à sa demeure. De là, le regard embrassait tout le petit cirque à l'une des extrémités duquel s'étageait le village. Le lit du Barca le traversait, et sur les rives on distinguait des champs qui avaient dû être ensemencés au printemps. Mais la récolte en était faite depuis longtemps, et le versant des collines n'étalait plus qu'une aridité rugueuse et désolée. Un soleil ardent dardait ses rayons, et de rares bouquets de bois seuls relevaient çà et là, de leurs tons plus accusés, l'uniformité de cette surface brûlée. Rien qu'à ce contraste on était heureux de se sentir soi-même à l'ombre.

En Orient, lorsqu'on se voit pour la première fois et qu'on s'aborde entre gens d'éducation convenable, il y en a bien pour dix minutes de salutations réciproques et de formules de politesse :

— Que le salut de Dieu soit sur toi et sur les tiens!

— Que ses bénédictions descendent sur ta tête!

— Que sa miséricorde s'étende sur ta maison !

— Loué soit le Seigneur et sa toute-puissance !

etc., etc.

Après quoi une pause. Puis, reprise des invocations et des saluts. C'est à qui les cessera le dernier. Pour moi, j'en avais toujours assez. Cependant, je ne pouvais pas trop brusquer les choses. Je me bornais à me taire. Après deux ou trois ébauches de tentatives infructueuses pour recommencer, et auxquelles je ne répondais plus que par un signe de tête, mon interlocuteur se décidait alors à m'imiter. Au bout d'un silence plus prolongé, la conversation sérieuse se dessinait.

— La France va donc se rapprocher de nous, me dit en arabe Hadji-Achmed-Ben-Saïd.

— Comment cela?

— N'a-t-elle pas déjà pris possession des Bogos?

— Nullement; elle n'a fait que leur envoyer des secours, parce qu'ils mouraient de faim.

— Eh quoi! cet argent qu'elle leur distribue, ce n'est point pour les acheter?

— Non.

— Et elle le leur donne gratuitement, sans compensation?

— Absolument.

— La France est une puissante nation, noble et riche; que la main de Dieu s'étende sur ses enfants!... Pourtant, ajouta-t-il avec un soupir, je l'avais espéré. Des Bogos elle aurait pu venir à nous, et nous protéger à notre tour contre les menaces et la rapacité des Égyptiens. Allah est grand; il ne l'a pas voulu.

— Mais, répliquai-je, voulant pénétrer les sentiments de mon interlocuteur, à défaut de la France, peut-être les Anglais...

— Ah! les Anglais sont pires que les Turcs. Je les ai vus, je les connais. Ils n'envoient pas d'argent à leurs peuples dans la misère, ceux-là. Ce sont des marchands brutaux et de mauvaise foi qui ne songent, au contraire, qu'à leur en arracher. La France, c'est le lion généreux; l'Angleterre, c'est la panthère féroce. Que Dieu nous écarte de leur chemin!

La voix du vieux chef était, en proférant ces mots, plus remplie de tristesse et d'amertume encore que son langage.

— J'avais espéré!... j'avais espéré!... murmurait-il se parlant à lui-même. Allah est grand; il ne l'a pas voulu.

Pendant cet entretien, la nuit était descendue, et les rayons de la lune, presque aussi éblouissants que ceux du soleil, éclairaient la place où nous étions assis. On y voyait comme en plein jour. Les habitants sortant de leurs maisons, peu à peu, étaient venus s'accroupir silencieusement en face de nous. Mais nous étions en pays musulman, et aux hommes seuls il était permis de se manifester. Plus rien des rires mutins et des regards curieux des jeunes filles de Keren, que le soir je rencontrais dans les ruelles du village. Plus rien, non plus, des frais visages, des mines avenantes, de l'empressement gracieux du beau sexe aux plateaux de l'Abyssinie. A la place des ébats joyeux, des cris de gaieté et des

danses quelquefois, dont le bourdonnement, avec la
tombée du jour, salue le voyageur dans les centres de
population chrétienne, ici, le rigorisme inflexible de la
loi musulmane, et ses prescriptions jalouses pour
soustraire le voisinage des femmes aux yeux profana-
teurs de l'étranger.

Afin d'échapper à l'ennui d'une séance qui manquait
aussi essentiellement de diversité et d'entrain, j'allais
invoquer le prétexte de la fatigue pour m'esquiver,
lorsque l'intervention de Gœrguis me tira d'embarras.
Sa célébrité de conteur était depuis longtemps établie
chez nos hôtes, et, à défaut de distractions plus vives,
tous brûlaient de l'entendre. Rendons-lui cette justice,
il ne fit pas trop le cruel; et, après avoir résisté juste
assez pour donner plus de prix à sa complaisance, il
entama la narration suivante. Par une attention délicate, il alla même jusqu'à en rapprocher le théâtre du
pays des Barcas.

En rapports constants, comme ils l'étaient, avec la
côte de la mer Rouge, l'arabe était familier à la totalité
de ses auditeurs. Ce fut dans cette langue qu'il s'exprima,
et je pus ainsi suivre son récit.

LE CHIEN D'ALI.

Personne n'ignore aujourd'hui que le Nil, tel qu'il
coule au-dessous de Khartoum jusqu'à la mer, en

arrosant la terre d'Égypte, est formé de la réunion de deux autres fleuves d'une importance moindre, dont les eaux se confondent en cet endroit. Le premier, le fleuve Bleu, sort du lac Tsâna, non loin de Gondar, au fertile pays d'Amhara, et le second, le fleuve Blanc, du lac N'yansa, situé bien plus au sud, au pied des montagnes de la Lune, dont les cimes mystérieuses vont rejoindre le ciel. Entre ces deux rivières s'étend une vaste région, peu explorée, où les caravanes osent à peine s'aventurer, et qu'exploitent de nombreuses tribus pillardes et guerrières, parmi lesquelles nous citerons, entre autres, celle des nègres Dinkas, sur les bords du Nil Blanc, et celle des Arabes Moselmiès, plus rapprochés du Nil Bleu.

Depuis de longues années, ces deux peuplades, également sauvages et féroces, vivent dans un état d'hostilité permanente et de ravages réciproques. Nourris, dès l'enfance, dans la pensée de la rapine et des combats, les uns et les autres dédaignent l'agriculture et subsistent exclusivement du produit de leurs incursions et de leur butin. Pourtant le Dinka, noir colosse, à la mine bestiale, aux regards terribles, sans autre religion qu'un culte grossier rendu par lui aux arbres géants de ses forêts, sans autres lois que celles de sa violence et de sa force, est plus barbare que son rival, dont les préceptes du Coran sont venus tempérer la rudesse primitive, et adoucir quelque peu les penchants et les mœurs.

Or, il y a quelques années, au pays des Arabes Moselmiès, habitaient deux jeunes gens, Ali et Saïda. Enfants des deux frères, parmi les garçons Ali était le plus beau, et parmi les filles, Saïda la plus belle. Ils s'aimaient. Le soir, quand Saïda revenait de la fontaine avec les autres femmes de la tribu, soutenant de ses bras arrondis au-dessus de sa tête la cruche pleine qui reposait sur les tresses relevées de ses longs cheveux noirs, on voyait Ali guetter son passage pour la suivre et l'aider à décharger doucement son fardeau. Et quand Ali, armé de sa lance et de son bouclier, devait prendre part à quelque expédition lointaine, assise au seuil de la maison de son père, Saïda accompagnait longtemps du regard la troupe qui s'éloignait; et lorsqu'elle ne voyait plus rien, qu'un peu de poussière à l'horizon, elle demeurait à la même place, le front appuyé dans la main, immobile et rêveuse.

Le jour de leur union parut enfin. Et, comme ils étaient de la même race et de la même famille, il n'y eut à cette occasion, contre l'habitude, ni lutte simulée, ni enlèvement convenu d'avance, et les fêtes du mariage commencèrent tranquillement, aux cris d'allégresse des femmes et au bruit des danses guerrières des hommes, bercés par les sons joyeux du tambourin. C'était au retour d'une attaque heureuse dirigée contre un village des Dinkas. Ali s'y était comporté vaillamment, et avait déposé aux pieds de sa fiancée les riches trophées conquis par sa valeur. C'étaient des bracelets d'or et d'argent artistement ciselés, des corbeilles d'un jonc souple et délicat avec des ornements aux nuances éclatantes, et de somptueuses étoffes tissées dans des contrées inconnues...

Toutes les compagnes de Saïda admiraient ces splendeurs et enviaient son bonheur. Jamais couple plus fortuné, en effet, n'avait dormi sous la même tente... Comme la paupière mourante de la colombe qui bat des ailes sous les caresses du ramier, on apercevait, à travers la fente du voile de Saïda, rayonner son grand œil velouté d'ivresse et d'espérance; et, plus fier qu'un jeune lionceau rugissant d'amour pour la première fois, Ali se tenait à ses côtés, frémissant d'impatience et d'orgueil.

Mais voilà que les Dinkas, prévenus par les espions qu'ils avaient dépêchés sur la trace des vainqueurs, apprirent bientôt que ceux-ci, tout entiers à la joie du triomphe, se livraient sans défiance aux festins et aux plaisirs. Et aussitôt la corne de guerre retentit. Une masse compacte d'hommes armés se réunit sur la grande place du principal village. Et, quand les premières ombres de la nuit furent descendues d'en haut, sous la conduite du grand chef de leur tribu, tous s'ébranlèrent silencieusement, guidés par leurs éclaireurs, à travers les sentiers escarpés de la montagne ou les fourrés impénétrables de la forêt... Et le lendemain, ils atteignirent les confins du territoire des Arabes Moselmiès. Alors, se dissimulant derrière les taillis et les rochers, ou rampant dans les hautes herbes, la troupe dinka attendit. Et lorsque, avec les rayons embrasés du soleil, se fut évanouie la chaleur étouffante du jour, de nouveau le tambourin résonna chez les Moselmiès, et les danses et les chants recommencèrent. Et aussitôt, aux alentours, les ténèbres se peuplèrent, de grandes ombres noires surgirent, se dressant en silence, et toutes avancèrent sans bruit vers le village d'où partaient les rires et les chansons.

Et tout d'un coup, du sein de cette obscurité, rendue plus profonde encore par l'éclat des torches et des feux au milieu desquels s'agitaient sans souci les imprudents Moselmiès, une horrible clameur s'éleva; et, comme une légion de démons, les Dinkas s'abattirent tous à la fois sur la foule en fête. Et, des hommes ainsi surpris à l'improviste, il y eut un horrible carnage. Et toutes les femmes, tous les enfants qui ne purent s'enfuir furent emmenés en esclavage, les richesses pillées; et le village périt consumé par les flammes...

Ali, frappé d'un coup de lance au front, dès la première attaque, était tombé à terre, et, aveuglé par le sang de sa blessure, foulé aux pieds, couvert bientôt de débris humains, n'avait pu que se traîner péniblement sous un buisson, où il était resté évanoui. Mais, quelques heures plus tard, ranimé par la rosée de la nuit et la fraicheur du matin, il soulève sa tête appesantie, et ses yeux entr'ouverts jettent tout autour un regard égaré. Au-dessus de lui, les dernières étoiles blanchissent au lever de l'aube ; tout près, sous un aloès en fleur, le francolin matinal salue l'aurore d'un gloussement de bienvenue... Où est-il ?... Qu'est-il donc arrivé ?... Pourquoi ses habits de fête sont-ils souillés de sang ?... Où sont ses armes ?... Où est Saïda ?... Tout à coup, il pousse un cri terrible : la mémoire lui est revenue, la vérité se fait jour... Saïda ! Saïda ! A ce cri rien ne répond, et Ali, éperdu, chancelant, s'accrochant aux fragments de roches et aux branches épineuses des mimosas, s'essaye à marcher. Dès le premier pas, son pied heurte des cendres noircies... Çà et là un cadavre calciné, de petits monticules dispersés de paille fumant encore, des armes brisées, des troncs d'arbres à terre et à demi brûlés. Voilà tout ce qui reste du lieu où il est né, de la capitale des Arabes Moselmiès.

Peu à peu, à mesure que le soleil monte, de timides fantômes apparaissent... Ce sont les pauvres gens échappés au massacre, qui viennent pleurer sur les ruines de leurs foyers dévastés, et leur redemander les restes aimés d'un enfant ou le corps défiguré d'un ami... Avec avidité, Ali interroge chacun d'eux, et tous les détails de la lugubre scène lui sont révélés. La résistance de cette population désarmée contre la fougue des Dinkas n'a pas été longue, et les ennemis, rassasiés de tuerie, se sont retirés, chargés de butin et poussant devant eux, pêle-mêle avec les troupeaux, des femmes enchaînées... Horreur ! Saïda est parmi elles !...

Un instant terrifiés, les Moselmiès ne tardèrent pas cependant à revenir à eux, et à se réveiller d'un désastre dont les hasards de leur vie aventureuse leur rendaient le poids moins lourd et les conséquences moins irréparables. Le village se releva ; de nouvelles maisons, en peu de jours, furent construites ; les douleurs privées s'apaisèrent, et si la même haine traditionnelle, accrue d'un implacable désir de sang et de vengeance, bouillonnait toujours, il est vrai, au fond du cœur de la nation, du moins attendait-elle une chance opportune pour faire explosion dans quelque terrible revanche. Et, à la surface, nul n'eût pu soupçonner la catastrophe dont elle venait d'être victime.

Un seul d'entre eux, sur son visage, gardait l'empreinte d'un chagrin que rien ne pouvait dissiper. Ses traits altérés, l'orbite de son œil enfoncé, le pli de ses lèvres creusé dans ses joues caves, tous ces stigmates annonçaient chez l'homme qui les portait un incurable désespoir. Cet homme, c'était Ali. Les espérances de la vie pour lui s'étaient éteintes, et, ne se sentant pas assez fort pour accepter avec résignation la perspective de toute une existence déshéritée de celle qui devait en faire la douceur et le charme, réduit à l'impuissance de son isolement, il n'avait plus d'énergie que pour chercher dans les excitations mensongères de l'ivresse ce qu'on leur demande toujours, sans l'y trouver jamais : l'oubli !

Or, un jour que, sans souci des lois sacrées du Prophète, il puisait, en compagnie d'autres jeunes hommes, dans les flancs rebondis d'une outre pleine de cette liqueur funeste que le musulman infidèle extrait de la datte fermentée, deux d'entre eux s'étant mis à chanter leurs exploits passés et à célébrer par avance leurs prouesses futures, lui-même, sous l'influence de la boisson, mais obsédé toujours par la même pensée, s'écria tout à coup :

— Et moi aussi, ô Saïda, comme autrefois je serai vanté parmi les braves : prends courage! tu pourras être fière encore, ainsi que tu l'as été, d'Ali, ton frère et ton époux!

— Comment oses-tu bien, riposte alors un de ceux qui buvaient avec lui, parler de celle que tu laisses honteusement dans les bras d'un Dinka! Saïda n'est plus aujourd'hui ni ta sœur, ni ton épouse. Elle est la femme de quelque nègre qui la brutalise et se raille devant elle de son premier mari, trop faible pour la délivrer, trop lâche pour le tenter!

A ces paroles cruelles, Ali ne répond rien, mais il se lève et gagne doucement la hutte qu'il avait rebâtie lui-même, sur les décombres incendiés de celle, plus vaste, où il avait pu se promettre un moment de vivre si heureux avec Saïda. Là, il resta longtemps couché à terre, la tête enfouie dans les deux mains, tandis que son chien, étendu près de lui, léchait tendrement les pieds de son maître, comme pour le consoler et lui donner du courage.

Soudain, il se redresse, le regard étincelant. Son maintien n'a plus l'attitude abattue des derniers jours; sa résolution est bien prise. Il va à la muraille où sont suspendues ses armes inactives, et là saisit trois javelots qu'il garde à la main, tandis qu'il passe à sa ceinture un poignard dont, jadis, il ne se séparait jamais, après qu'il l'eut ravi, lors de ses glorieux débuts, au chef des Dinkas lui-même. Puis il jette quelques poignées de dattes sèches dans une guerbè en peau de chevreau qu'il se suspend autour du cou, et il sort. Il se rend à la maison de son père, dont il baise les genoux, pieusement, sans mot dire, et s'éloigne ensuite du village, suivi de son chien.

C'est vers la capitale des Dinkas qu'Ali se dirige. Les reproches de son ami l'ont éclairé en le frappant au cœur. Que sa nation se recueille et se prépare encore!... Lui ne peut attendre... Saïda est son bien à lui seul, et à lui seul incombe le devoir de la reconquérir; il la ramènera, ou il périra.

Deux fois le soleil s'est levé, et deux fois ses feux se sont éteints derrière les coteaux avant qu'Ali soit parvenu au pays des Dinkas. A chaque instant, sa marche est arrêtée par la crainte d'une surprise ou d'une trahison. Son chien, son unique et fidèle compagnon, aussi prudent que lui, se glisse sans bruit derrière son maître, et fait taire sa voix dont le cri pourrait devenir un indice. Enfin Ali arrive au pied de la colline au sommet de laquelle se dresse le plus grand des villages dinkas. Les huttes pointues lui apparaissent de loin, à travers les arbres pressés de la forêt, dont il n'ose sortir avant la fin du jour, et de là il contemple tristement le lieu où gît, sans doute, misérable et désolée, la femme qu'il aime, sa femme à lui, devenue à présent celle d'un autre.

Tout près de la lisière du bois où il se tapit, est un puits creusé dans le sable, et dont les bords, foulés par de nombreuses empreintes, laissent à supposer que les femmes y viennent, le soir, emplir les outres et les cruches, qu'elles portent ensuite au village. Peut-être même quelqu'une de ses compatriotes, réduite en servitude, descendra-t-elle à la source avec d'autres esclaves, et alors, se faisant reconnaitre d'elle, Ali espère obtenir des nouvelles de Saïda. L'heure ne va pas tarder où les femmes viendront, et jusque-là, blotti dans un buisson épais, il attend et espère...

Enfin le jour baisse, des rires, des voix, se font entendre et s'approchent peu à peu... Ce sont bien des femmes, et, parmi elles, il en distingue plusieurs, devenues de viles servantes, qu'autrefois il a connues chez lui, libres et respectées. Mais, dans le nombre, il en est aussi qui sont des femmes dinkas; il ne peut donc se montrer sans péril, et, le cœur palpitant d'anxiété, il se demande si, derrière celles-là, quelqu'une des Moselmiès restera seule...

O bonheur! les outres et les cruches sont pleines,

l'obscurité se fait, toutes s'éloignent, une seule reste en arrière. Assise mélancoliquement à la margelle du puits, elle a les yeux tournés du côté du ciel où doit être le pays moselmiès. Elle demeure ainsi quelque temps solitaire, puis elle soupire et va reprendre à regret son fardeau, lorsqu'au mouvement de sa tête sa chevelure se déploie : c'est bien une Moselmiès; ses longs cheveux ont roulé jusqu'à terre, et les négresses dinkas ont, comme leurs maris, une chevelure laineuse qu'on ne saurait confondre avec celle des femmes de sa tribu. Ali n'hésite plus et sort aussitôt de son asile, tendant les bras en avant d'un air suppliant, comme pour rassurer la femme, et arrêter sur ses lèvres l'exclamation d'effroi près de s'en échapper.

Interdite, en effet, la femme se tait et reconnaît Ali.

— Malheureux ! s'écrie-t-elle, que viens-tu chercher ici? C'est la mort, si l'on te découvre.

— Saïda ! Saïda ! murmure Ali en tombant à moitié à genoux, où est-elle?... Que je la voie!...

— Hélas ! elle est ici, dans ce village; mais elle est à jamais perdue pour toi, car elle est devenue l'épouse d'un chef dinka.

Ali s'attendait à cette révélation; il y était préparé, et n'avait qu'un désir, celui de connaître la maison qui abritait Saïda, pour arriver jusqu'à elle. Mais la femme, épouvantée d'une aussi téméraire entreprise, se refusait à ses prières, et, loin de lui promettre son aide,

insistait pour l'y faire renoncer. Ali n'entendait rien.
Il avait juré de ramener Saïda ou de ne jamais revenir.
Toute sa vie, toute son âme étaient là! que lui impor-
tait la mort?

Vaincue à la fois par tant de constance et une si
vraie douleur, la femme se laisse persuader, et lui
désigne le toit sous lequel repose Saïda...

— Que le Dieu des croyants te protége, ô Ali! lui
dit-elle, et puisqu'il t'a mis au cœur cette irrévocable
résolution, c'est que telle est sa volonté. Que ton destin s'accomplisse donc! Écoute, et retiens bien mes
paroles : Ce grand arbre, dont tu distingues là-bas
encore les rameaux dans le demi-jour, s'élève au
milieu d'une place où, chaque soir, les hommes de la
tribu dinka s'assemblent et s'abandonnent aux désordres furieux de l'orgie. Prête l'oreille, et, dans une
heure, lorsque le son des instruments et des voix par-
viendra jusqu'à toi, le moment sera venu. Quitte alors
ces broussailles, où il faut te tenir caché jusque-là;
et, comme le serpent au travers des lianes, rampe sans
bruit, en gravissant la colline, vers la maison dont je
t'ai montré le faîte... Saïda y sera seule...

Et, à ces mots, la femme s'éloigna en toute hâte, laissant Ali regagner son abri.

Et, dès que le vent lui eut apporté les premiers
accents de la fête, Ali, muni de ses armes, se dirigea
lentement et avec précaution du côté de la maison dont
la silhouette sombre se dessinait sur le fond étoilé des

cieux. Et, lorsqu'il en eut atteint le seuil, retenant à peine son haleine, et d'un signe commandant le silence à son chien, à travers les fentes de la cloison disjointe, il regarda. Saïda, en effet, était seule. Accroupie auprès d'une torche fumeuse plantée dans le sol, elle faisait glisser machinalement entre ses doigts distraits les perles d'ambre d'un chapelet musulman. Ses yeux à demi fermés et le front penché sur la poitrine, elle paraissait rêver à des êtres absents. Ali, ne pouvant se contenir davantage, poussa brusquement la porte et entra.

— C'est moi, ô Saïda, dit-il, moi, Ali, ton frère et ton époux !

Mais, au lieu de se lever et de s'élancer vers lui, Saïda tressaillit et recula jusqu'au coin le plus obscur de la maison.

— Ali, que me veux-tu? demanda-t-elle. Quel projet insensé t'a conduit jusqu'ici?

— Je veux te prendre avec moi et te ramener au pays de nos pères, pour que tu occupes enfin à mon foyer la place toujours vide que je t'y ai gardée.

— Renonce à ce fatal espoir, Ali, je ne puis te suivre, car je suis aujourd'hui la femme d'un autre, et le devoir m'ordonne de rester avec lui.

— Avant d'être à lui, tu fus unie à moi. Ce devoir est un mensonge; ô Saïda, suis-moi !

— Je le voudrais, que cette fuite est impossible. Bientôt elle serait découverte, puis tous les deux, nous serions surpris et massacrés sans pitié. Encore une fois, Ali, abandonne cette funeste idée. Retourne seul au pays de nos pères. C'est ici désormais que je dois vivre. Pars, et oublie celle qui ne peut plus être à toi.

Mais Ali n'écoutait plus. Est-ce bien à lui que de telles paroles s'adressent? à lui qui, pour l'amour de cette femme timorée, n'a redouté aucun péril? Il a bondi vers elle et tire son poignard. Son bras est levé. D'un geste impérieux, il lui indique la porte. C'en est fait. Saïda n'a qu'à lui obéir, ou la menace inflexible qu'elle lit dans son regard va s'accomplir. Elle courbe la tête, et, tout en pleurs, sort lentement de sa maison. Dehors, Ali l'entraîne avec rapidité.

Ils marchèrent toute la nuit sans parler, et ce ne fut que le lendemain, alors que le soleil était au plus haut point de sa course, qu'ils s'arrêtèrent. Ali, exténué, s'endormit au pied d'un arbre, non sans recommander à Saïda de l'éveiller si elle apercevait quelqu'un ou prévoyait quelque danger. Son chien veillait, en outre, près de lui.

Une heure entière ne s'était pas encore écoulée que Saïda entendit le galop d'un cheval. Et, tournant les yeux de ce côté, elle vit de loin un cavalier gigantesque, brandissant un javelot; et dans ce cavalier, elle reconnut son époux, le nègre dinka. Cependant, au lieu de prévenir Ali, la perfide, au contraire, adresse des signes d'appel au dinka. Et comme le chien, à l'aspect de l'ennemi, s'est redressé en faisant entendre

bataille et mord cruellement 'au talon l'adversaire de
son maître. Ali a profité de ce secours inespéré. D'un
suprême effort, il s'est débarrassé de l'étreinte mor-
telle de Saïda, et son poignard a disparu jusqu'au
manche dans la poitrine du nègre, dont le gosier laisse
échapper un rauque gémissement, et dont le corps,
tordu dans un dernier spasme, tombe lourdement à
terre. Elle est là, sans mouvement, cette masse noire
gigantesque. La paupière à demi ouverte laisse voir le
globe blanchâtre de l'œil; les lèvres desserrées montrent une rangée de dents aussi polies que l'ivoire, et
le sang coule à flots du trou profond creusé par l'arme
d'Ali. Celui-ci contemple pendant quelques instants,
impassible, le cadavre de son ennemi, puis, se baissant,
il arrache une touffe d'herbe dont il essuie son poignard, et le repasse à sa ceinture. Et, après avoir caressé
doucement son chien, il se retourne vers Saïda presque
folle de terreur, et du doigt lui montrant le chemin,
se remet en route avec elle, sans prononcer un mot.

Le soir même, les fugitifs atteignirent les terres des
Moselmiès et rencontrèrent les premières vaches des
troupeaux de leur tribu. Aux cris des jeunes pâtres qui
les aperçurent, la nouvelle de leur arrivée se répandit
bien vite de montagne en montagne jusqu'au village.
Et aussitôt la foule de leurs parents et de leurs amis
accourut au-devant d'eux, les hommes en brandissant
leurs armes et se livrant à des simulacres guerriers, les
femmes en poussant le houloulement plaintif et pro-

bataille et mord cruellement 'au talon l'adversaire de
son maître. Ali a profité de ce secours inespéré. D'un
suprême effort, il s'est débarrassé de l'étreinte mor-
telle de Saïda, et son poignard a disparu jusqu'au
manche dans la poitrine du nègre, dont le gosier laisse
échapper un rauque gémissement, et dont le corps,
tordu dans un dernier spasme, tombe lourdement à
terre. Elle est là, sans mouvement, cette masse noire
gigantesque. La paupière à demi ouverte laisse voir le
globe blanchâtre de l'œil; les lèvres desserrées montrent une rangée de dents aussi polies que l'ivoire, et
le sang coule à flots du trou profond creusé par l'arme
d'Ali. Celui-ci contemple pendant quelques instants,
impassible, le cadavre de son ennemi, puis, se baissant,
il arrache une touffe d'herbe dont il essuie son poignard, et le repasse à sa ceinture. Et, après avoir caressé
doucement son chien, il se retourne vers Saïda presque
folle de terreur, et du doigt lui montrant le chemin,
se remet en route avec elle, sans prononcer un mot.

Le soir même, les fugitifs atteignirent les terres des
Moselmiès et rencontrèrent les premières vaches des
troupeaux de leur tribu. Aux cris des jeunes pâtres qui
les aperçurent, la nouvelle de leur arrivée se répandit
bien vite de montagne en montagne jusqu'au village.
Et aussitôt la foule de leurs parents et de leurs amis
accourut au-devant d'eux, les hommes en brandissant
leurs armes et se livrant à des simulacres guerriers, les
femmes en poussant le houloulement plaintif et pro-

longé qui, chez leur sexe, ainsi qu'on sait, est le signe
en usage de bienvenue et d'allégresse.

Les uns entourèrent Ali pour le féliciter. Son succès
était celui de toute la nation, et le prélude heureux des
plans de vengeance qui se discutaient tout bas. Les
autres s'emparèrent de Saïda, avides de recueillir de
sa bouche les détails émouvants de sa captivité et de
sa délivrance. Puis, la cabane d'Ali devenant dès lors
trop petite pour abriter deux têtes, chacun s'empressa;
et, au bout de peu d'heures, le bois et l'herbe sèche
furent apportés de toutes parts, et une seconde maison
spacieuse et commode s'éleva à côté de l'ancienne. Et
lorsqu'elle fut achevée, que les cloisons furent bien
reliées entre elles par des branches flexibles, que la
paille serrée du toit l'eut rendue impénétrable au soleil
et à la poussière, que des peaux de bœuf nombreuses
eurent été étendues sur le sol, Ali se rendit à la demeure
des parents de Saïda, où elle attendait près d'eux que
la sienne fût prête, et, au bruit des chants et des instruments, il la conduisit dans celle qu'elle devait habiter
désormais. Mais, après qu'elle eut été installée et que
chacune de ses servantes fut venue à l'envi lui baiser
les genoux et les mains, à la grande surprise de tous,
lorsqu'ils se retirèrent, Ali, laissant retomber sur lui la
natte qui fermait l'entrée de sa nouvelle maison,
s'éloigna avec eux sans rien dire, et Saïda resta seule.

Nul ne songeait au brave chien, si ce n'est son
maître, qui se souvenait, lui! Tant que les travailleurs

avaient été occupés à construire l'édifice, piquant les
pieux en terre, assujettissant le chaume dans les
rameaux entrelacés, et qu'Ali, allant et venant de l'un
à l'autre, inspectait l'ouvrage et remerciait ses amis, le
pauvre animal, roulé non loin de là sur lui-même, le
museau entre les pattes, suivait chaque mouvement
d'un œil inquiet, mais ne bougeait pas. Ce ne fut qu'au
moment où Saïda s'apprêtait à franchir le seuil de la
maison, qu'hérissant ses poils et grondant sourdement,
ainsi que naguère à la vue du Dinka, il s'élança comme
pour en défendre l'entrée. Un regard de son maître
suffit à lui imposer silence, et il alla docilement, bien
qu'à regret, se réfugier à l'écart, au milieu des épines.
Dès que la foule eut disparu, Ali vint l'y chercher;
et tous les deux rentrèrent ensemble dans la vieille
cabane, où personne ne devait venir les déranger. Et
lorsqu'ils furent bien seuls, Ali prit dans ses bras la
tête de son chien fidèle, et le baisa deux fois; puis,
étendant une peau de chèvre bien moelleuse près de
celle qui lui servait à lui-même de lit, il y fit coucher
son véritable ami, et, le regardant, il se mit à pleurer...

— Au moins, tu m'aimes, toi! ne put-il s'empêcher
de murmurer à voix basse...

Et, se jetant sur la seconde peau, il y demeura bien
longtemps sans dormir, à remonter dans son esprit le
courant du passé, à se rappeler les premières joies de
son enfance avec ses premiers jeux, les premiers sou-
rires de sa jeunesse avec ses premières amours. Et il

évoquait le souvenir de ces jours fortunés où le bonheur semblait venir à lui sur l'aile de l'espérance, où tant de rêves heureux berçaient de leurs illusions dorées les promesses de l'avenir, où Saïda l'aimait!... Puis ces riants tableaux disparaissaient, effacés par des scènes terribles. Il revoyait l'affreuse nuit où les Dinkas brûlaient son village, où Saïda était enlevée et lui-même blessé. Il se retraçait les dangers qu'il avait affrontés pour la retrouver... Et il la retrouvait en effet, mais elle refusait de le suivre; et, dans sa lutte avec le Dinka, elle, sa sœur et son épouse, n'avait pas craint de se tourner contre lui. Oh! tout cela surtout, il s'en souvenait avec terreur, et se disait que, bien qu'il l'eût ramenée, bien qu'elle reposât tout près de lui, il n'en était pas moins condamné à vivre seul encore, plus seul qu'auparavant peut-être, avec son chien pour muet et unique confident!...

Et, le lendemain, après avoir mûri dans la solitude le plan de sa vie à venir, de bonne heure il entra chez Saïda. Elle était déjà entourée d'une partie des femmes du village et de sa famille qui chantaient les louanges d'Ali. Et celui-ci, s'asseyant auprès d'elle, causait avec chacun. Et la porte grande ouverte était accessible à tous. Presque toute la journée il resta ainsi; mais, dès que le soir arriva, comme la veille, il sortit pour rentrer avec son chien dans leur hutte solitaire. Et tous les jours suivants, à l'heure où les ténèbres, en conviant au repos, sollicitent l'amour, il quittait

Saïda. Et il agit de la même façon durant plusieurs mois, sans qu'un mot tombé de ses lèvres fît jamais, devant elle, allusion aux événements de leur retour.

Or, Saïda, délaissée et dédaignée d'Ali, mais n'osant néanmoins lui adresser de reproches, parce qu'elle se sentait coupable, dépérissait peu à peu. Et, tout en souffrant de cet abandon, elle s'avouait en elle-même que c'était justice, lorsqu'un jour, en présence de sa mère, parlant de son mari absent pour le moment, les larmes tout à coup lui jaillirent des yeux. Et comme sa mère la pressait de questions pour en connaître la cause, après avoir refusé d'abord d'y satisfaire, poussée de plus en plus, elle finit par confesser, en se voilant le visage, que, depuis sa fuite de chez les Dinkas, les silences mystérieux de la nuit, chers aux époux qui s'aiment, n'avaient jamais pu retenir une seule fois Ali dans les bras de sa femme désolée.

A cet aveu, la mère courroucée se leva et courut rapporter au père de Saïda l'affront infligé à leur fille. Et celui-ci, non moins indigné, s'en alla chez son frère, père d'Ali, et lui demanda de venir avec lui s'informer près de son fils des causes qui l'éloignaient de sa femme.

Comme il rentrait, le soir, accompagné de son chien, Ali aperçut, en effet, les deux vieillards assis à la porte de sa hutte, qui paraissaient l'attendre. Et les abordant, il leur baisa les genoux avec respect. Mais eux, se redressant, et sans répondre à ses politesses autre-

ment que par un maintien sévère, lui expliquèrent le
but de leur visite, et le sommèrent de s'expliquer, au
nom de l'honneur des deux familles et de la vertu de
Saïda.

— Vous l'ordonnez? dit tristement Ali, quand ils
eurent terminé.

— Nous l'ordonnons.

— Eh bien!... soyez donc satisfaits. Mais que mes
lèvres se dessèchent avant de l'accuser moi-même!
Puisqu'il le faut, je veux que la lumière jaillisse de ses
propres paroles. Entrez dans cette hutte qui est la
mienne, et dont la muraille contiguë à celle de la
maison où repose Saïda vous permettra d'entendre.
Moi, je vais auprès d'elle. Nous parlerons tout haut. Nos
discours vous mettront à même de connaître bien des
choses que, jusqu'à présent, j'ai pris soin de cacher par
pitié pour elle, aussi bien que pour vous. Et quand
vos oreilles auront écouté, puissent vos cœurs par-
donner !

A ces mots, les vieillards entrèrent, sans rien ajouter,
dans la hutte d'Ali, tandis qu'il pénétrait lui-même
auprès de Saïda.

Affaissée sur sa couche, le front languissamment
appuyé sur son bras recourbé, tandis qu'à la lueur
d'un brasier flambant, une esclave lui frottait la plante
des pieds de la fleur embaumée du séné, Saïda ne put
réprimer un mouvement de surprise, ni faire taire un
tressaillement de bonheur à la vue d'Ali entrant à

pareille heure chez elle... D'un signe, l'esclave fut congédiée, et Saïda, se soulevant à demi, invita son époux à s'asseoir sur le bord de cette couche dont jamais, jusqu'alors, il ne s'était approché. Puis, elle-même, s'allongeant à la manière d'une chatte amoureuse qui s'étire aux voluptueux rayons d'un soleil de mai, et portant sa jolie tête jusqu'à lui, comme pour implorer une caresse, elle l'appuya mollement contre la poitrine du jeune homme, les yeux tournés vers les siens... Sa robe avait glissé le long de ses épaules nues, sa chevelure dénouée les recouvrait à moitié, son sein palpitait, son regard était humide, sa bouche prête à parler tremblait. Elle était bien belle ainsi...

Mais Ali, l'écartant doucement, se prit à la contempler quelques instants en silence. Puis, tout à coup, comme s'il eût cédé au flot de tant de sentiments divers qui s'entre-choquaient en lui :

— Te souviens-tu, dit-il, ô Saïda, de notre enfance, quand tous les deux, insouciants et heureux, nous courions à travers les rochers et les bois, sans autre idée que notre mutuelle tendresse? Dès que l'aspect imprévu de quelque bête sauvage t'effarouchait, ou que les pointes trop aiguës de la roche te blessaient, je te vois encore venant en toute hâte te cacher derrière moi, et réclamer soutien et protection!... Et moi, tout fier et tout ravi, je te couvrais de mon corps, pour m'offrir le premier au danger, ou je t'emportais dans

mes bras, pour t'y soustraire et te délasser. Nulle
fleur ne se penchait trop loin sur la pente escarpée de
l'abîme, dès que vers elle se penchaient tes petites
mains exigeantes. Nul oiseau ne bâtissait son nid trop
haut, au sommet de la plus faible branche, s'il fallait
te l'apporter pour sécher tes pleurs d'impatience... Et
à la maison, quand la sévérité de ta mère, pour punir
quelque faute d'enfant, voulait te châtier, j'accourais,
et tu me trouvais toujours entre elle et toi, pour calmer sa colère, ou, si je n'y parvenais point, pour partager le châtiment et essuyer tes larmes... Te souviens-tu de tout cela, ô Saïda?...

— Je m'en souviens, Ali.

— Et plus tard, lorsque avec l'âge notre affection
enfantine changea de nom, pour Ali il n'était pas
d'autre fille sur terre que Saïda... Et je voulais
devenir un chef renommé afin que mon nom, dans les
chansons guerrières de la tribu, redit avec honneur,
vînt souvent jusqu'à elle, et qu'au fond de l'âme une
voix secrète lui murmurât tout bas : « S'il est brave,
c'est pour toi! S'il veut être grand, c'est pour toi ; s'il
aime à vivre, c'est pour toi! » Oh! Saïda, Saïda! pour
moi, l'horizon de la vie commençait à ce mot et finis-
sait avec lui.. Hors de là, plus rien!... Tu étais à la
fois ma lumière, ma force, mon courage!... Quand je
partais en guerre avec nos jeunes hommes, toujours le
dernier à m'éloigner du village, je m'arrêtais à la crête
des collines pour apercevoir encore dans le lointain,

parmi les autres chaumières, la fumée de celle où reposait ma bien-aimée, laissant monter sur le fond du ciel sa colonne bleuâtre comme pour me dire adieu!... Et lorsque, triomphants et joyeux, nous revenions, le premier cette fois, bien avant tout le monde, je marchais pour entrevoir plus tôt sa figure adorée... Et quand la troupe des femmes, sortant de leurs demeures, venait saluer les vainqueurs de leurs acclamations, et qu'entre les plus braves et les plus remarqués, la voix unanime des chefs proclamait Ali, devant toute la nation réunie, lui ne cherchait que Saïda, afin de lui reporter sa gloire et de répéter : « Toujours pour toi! toujours pour toi!... » Te souviens-tu de tout cela, ô Saïda?...

— Je m'en souviens, Ali.

— Il parut enfin, le jour tant désiré de notre union. Les tambourins résonnèrent, les cris d'allégresse retentirent. C'était à la suite d'une expédition glorieuse où je m'étais signalé, et dont ma valeur personnelle avait abrégé la durée. Je savais qu'au retour j'allais être ton époux... Et il n'y avait pas assez de bouches pour célébrer notre félicité, pour glorifier mon courage et chanter ta beauté... Et les fêtes s'annonçaient brillantes... Et dans l'orgueil insensé de mon bonheur et de mon amour, il me semblait que la main du Prophète m'avait ménagé d'avance l'accès du paradis... Et je m'épanouissais dans l'aveuglement de mon ivresse, quand tout à coup, du sein terrible de la nuit,

surgit un épouvantable désastre... Nos chants d'allé·
gresse devinrent des râles d'agonie, nos torches s'étei-
gnirent, nos maisons brûlèrent, nos guerriers furent
lâchement massacrés, nos femmes, nos enfants entraî-
nés par de féroces bandits... Moi-même, surpris à
l'improviste, je tombai sanglant à tes côtés sans pouvoir te défendre... Te souviens-tu, Saïda?...

— Je m'en souviens, Ali.

— Ah! j'ai besoin de passer bien vite sur tant de
funèbres souvenirs ; je ne veux pas y arrêter ma pensée.
Mais ne te souviens-tu pas aussi qu'un soir tu me vis
là-bas, au pays des Dinkas, subitement apparaître
devant toi, toi devenue la proie et l'esclave de l'un
d'eux ; puis, lorsque je te dis : « C'est moi, Ali, ton
frère et ton époux, qui viens te délivrer », tu refusas
de me suivre, et mon poignard, pour t'y contraindre,
dut se lever sur ta tête... Dis-moi, ne t'en souviens-tu
pas, ô Saïda?...

— Hélas! oui, je m'en souviens, Ali.

— Et lorsque, dans notre fuite, brisé par la fatigue,
je m'endormis sous ta sauvegarde et celle de mon
chien, est-ce que tu n'essayas pas, à la vue du Dinka,
lancé à notre poursuite et sur le point de m'égorger,
d'étouffer les cris de la pauvre bête qui allaient
m'éveiller?... Et dans la lutte acharnée qui s'engagea
alors, quand le fidèle animal combattait pour son
maître, toi, ma sœur et mon épouse, toi, la première
compagne, toi, le seul rêve et l'unique espérance de

ma vie, toi, Saïda, est-ce que tu ne tournas pas, au contraire, tes efforts contre moi; et, cherchant à m'entraîner dans une chute fatale, est-ce que tu ne tentas pas de donner, par ma mort, la victoire au Dinka?... Dis-moi, de tout cela te souviens-tu, ô Saïda?

— Oh! pitié! pitié! Je m'en souviens, Ali!

Et la malheureuse femme, humiliée, atterrée, s'était laissée choir, sous le poids de la honte et du repentir, aux pieds d'Ali toujours impassible, et les mouillait de ses larmes, en les entourant de ses bras.

— Or, je ne te l'ai jamais demandé jusqu'à ce jour, continua Ali, mais aujourd'hui, réponds, ô Saïda : de cette conduite odieuse quelle était donc la cause?

— Pardonne, Ali, pardonne. Un vertige sans nom me dominait, j'étais la proie d'une folie furieuse; j'aimais le Dinka! Et de quoi n'est-on pas capable quand on aime?

Saïda n'eut pas le temps d'en proférer davantage. La natte qui fermait l'entrée de la maison fut brusquement relevée, et les deux vieillards parurent. Un coup d'œil jeté sur eux lui suffit pour reconnaître, à l'aspect courroucé et indigné de leur visage, qu'ils venaient d'être les invisibles témoins de l'aveu de son crime. Et dès lors, suivant la loi inflexible de sa tribu, elle comprit que c'en était fait d'elle, et que son sort allait s'accomplir. Ramenant sur son front résigné un pan de son vêtement, pour dissimuler sa pâleur et son effroi, sans un mot, sans une plainte, sans un soupir, elle attendit.

De la main, le père d'Ali fit un signe impérieux à son fils, pour qu'il les laissât seuls à leur terrible devoir. Et, dès qu'il fut dehors, les deux vieillards, liant avec des cordes les pieds et les mains de la fille coupable, chargèrent, dans un silence farouche, son corps inerte sur leurs épaules, et l'emportèrent loin du village. Et lorsqu'ils furent arrivés dans un endroit bien sombre et bien solitaire, tirant son sabre, le père de Saïda, lui-même, sans hésiter, le plongea dans le sein de son enfant. Puis, certains que les dernières palpitations de la vie éteinte étaient bien évanouies chez elle, les deux hommes s'en allèrent, abandonnant son cadavre dans le désert, pour qu'il devînt la proie des bêtes sauvages, selon le châtiment réservé aux femmes adultères.

Mais à peine se furent-ils éloignés qu'un autre homme sortit des broussailles. C'était Ali, qui avait suivi pas à pas les bourreaux, résolu, puisqu'il n'avait pu soustraire à sa destinée celle qu'il avait aimée, à défendre au moins d'un suprême outrage ses restes inanimés. Et au matin, en effet, les premiers pâtres qui sortirent du village distinguèrent, à la clarté indécise de l'aube, deux corps couchés l'un sur l'autre, au bord d'un trou à demi creusé. Et, en s'approchant, ils reconnurent Saïda d'abord, puis Ali avec une large blessure au flanc, la figure déchirée et à ses côtés son sabre brisé. Puis, guidés par des traces sanglantes, non loin, dans le buisson, ils découvrirent une panthère morte, et, tout près d'elle, le ventre ouvert d'un coup de griffe, le chien d'Ali dont les dents tenaient encore la bête féroce à la gorge.

Et, touchés de tant d'amour et de tant de dévouement, les jeunes gens de la tribu, avant que les préceptes austères des anciens aient pu se faire écouter, accoururent, pour achever de leurs propres mains la tombe qu'Ali n'avait pu lui-même terminer. Dans cette tombe, ils descendirent tout ce qui restait en ce monde d'Ali et de Saïda. Et quand la terre eut été rejetée sur eux, ramassant tous les cailloux blancs de la montagne, les jeunes filles en jonchèrent ce petit coin de terre, de manière à y construire une sorte de pyramide qui pût rappeler aux amants à venir l'histoire des deux époux réunis dans la mort. Et, un peu au-dessous, un autre monument plus humble fut également élevé sur les restes du chien fidèle tué en vengeant son maître.

CHAPITRE VI

Les Barcas en costume de guerre. — Le mariage chez les Hassa-
niés. — Souakim. — Les Anglais et la route commerciale du
Soudan. — Gœrguis et le léopard. — Kouffit. — Le miel et les
fourmis. — Le torrent.

Le lendemain, pour répondre à mes désirs et me
fournir l'occasion d'admirer la valeur des siens, le bon
Achmed-Ben-Saïd aurait bien voulu m'offrir le spectacle
d'une chasse au lion, telle que je l'ai décrite plus haut.
Mais ces parties de plaisir ne s'improvisent pas. La
pièce essentielle, c'est-à-dire la bête, manquait pour
l'instant. Il tenta de se rabattre sur un spectacle dont
les éléments faisaient moins défaut, et nous partîmes
en quête d'une compagnie d'autruches qui avait été
signalée la veille aux environs.

J'ai eu déjà l'occasion de raconter[1] cette chasse intéressante. Je n'y reviendrai donc pas, si ce n'est pour
rappeler la courtoisie généreuse du vieux cheik. A
peine les animaux abattus, il s'empressa d'en arracher
les plus belles plumes, les plus immaculées, et me pria
de les accepter en mémoire de mon séjour auprès de

[1] *Obock, Mascate, Bouchire, Bassorah,* chez Plon.

lui. Cet hommage, m'a-t-on appris depuis, représentait bien une somme de cinq à six cents francs. Les coutumes locales exigent qu'en retour d'un présent il en soit immédiatement offert un autre. Sur l'épaule du cheik battait orgueilleusement un mousquet inerte, condamné, entre ses mains, par le manque de poudre, à une impuissance qui le désolait. Quelques allusions à cette détresse me l'avaient fait comprendre. Je tirai aussitôt de mon sac une poire à poudre qui m'avait bien coûté cent sous, et que je lui remis pleine jusqu'au bord. En dépit de la gravité officielle dont un Oriental ne se départit jamais, je devinai, à ce cadeau, dans l'éclair de son regard, une joie d'enfant... Ces pauvres plumes, aujourd'hui, que sont-elles devenues ? Que sont devenus tous ces souvenirs étranges ou précieux rapportés de si loin ? Que l'insouciance de ma jeunesse réponde si elle peut !

Au moment de quitter Guedena, vingt-quatre heures plus tard, je fus rejoint par deux hommes dont m'avait parlé le cheik, et qui sollicitaient la faveur de suivre ma petite caravane, pour voyager avec plus de sécurité. Trois ou quatre fusils, en effet, constituent une force imposante chez les peuplades que j'allais visiter, et l'armement de mes domestiques était de nature à inspirer un respect salutaire. Mes deux inconnus appartenaient à la tribu des Hassaniès, sur le fleuve Blanc. Montés sur de superbes mulets, et accompagnés de quatre esclaves gallas, ils regagnaient leurs foyers par

Khassala. J'accédai d'autant plus volontiers à leur prière, que Hadji-Achmed-Ben-Saïd me les avait donnés comme ses amis particuliers. Pour me remercier alors et nous faire honneur, il résolut de nous escorter une partie du chemin, avec un escadron de ses guerriers revêtus de leur costume de combat.

Figurez-vous, au moyen âge, les compagnons de Tancrède ou de Renaud de Montauban, tels que nous les dépeignent les récits contemporains, et vous aurez une idée de la physionomie de cette troupe de Barcas armés en guerre. Rien n'y manquait. Le haubert, la cotte de mailles, l'épée droite à poignée en forme de croix, l'écu blasonné, et jusqu'au casque empanaché avec la visière baissée; tout, même le cheval, le destrier bardé de fer, était là. C'était une cohorte de croisés ou de Sarrasins égarés dans le désert; c'était une évocation vivante des poétiques légendes de la Table Ronde. J'avais honte de mon accoutrement moderne et mesquin au milieu de ces fiers paladins.

De leur visage, on ne distinguait que les yeux, et justement, le chef qui caracolait à mes côtés s'était, jadis, rendu fameux en tuant, par cet unique endroit vulnérable, un des compétiteurs qui lui disputaient le pouvoir. Dans une rencontre seul à seul, il lui avait, d'un coup de lance en plein sous la paupière, défoncé le crâne.

Après le repos de la première halte, nous nous quittâmes. Ce ne fut pas sans un certain regret que je lui dis adieu. Le casque au cimier garni de marabouts et l'armure du chevalier pouvaient bien y être pour quelque chose, et, plus d'une fois, pendant qu'il reprenait le chemin du Nord avec ses hommes, je me retournai jetant un dernier coup d'œil sur cette cavalcade pittoresque. Mais bientôt je les perdis de vue. J'avais, de nouveau, devant moi l'isolement et le désert.

L'isolement, non ! Car le plus âgé de mes compagnons de voyage était un homme instruit et sage, qui avait vu bien des choses, bien des pays, et dont la conversation naïve, sans apprêt, excitait chez moi un piquant intérêt. J'avais entendu de singulières descriptions des mœurs de son peuple. Ce fut sur ce terrain que je m'efforçai de l'attirer. Il s'y prêta de bonne grâce.

Les Hassaniès forment, par l'étrangeté de leurs coutumes, un groupe à part chez les riverains du fleuve Blanc. La constitution de la famille y repose sur des bases qui confondent l'esprit. Ce n'est pas de son père, ou plutôt du mari de sa mère, qu'hérite jamais l'enfant ; c'est du frère de celle-ci, de son oncle maternel. Et pourtant, cette législation, étonnante au premier abord, n'est qu'une conséquence logique de l'organisation sociale des Hassaniès, et des règles traditionnelles auxquelles demeurent soumises, parmi eux, l'institution du mariage et l'existence conjugale.

La femme y jouit, en effet, de la pleine disposition du quart de sa vie. Voilà le principe. Comment s'applique-t-il ?

Tous les quatre jours, l'emploi du quatrième lui est réservé libre et sans contrôle. Pendant ces vingt-quatre heures, les droits de l'époux s'évanouissent. Au lever du soleil, il quitte la case commune et s'éloigne. On ne le reverra que le lendemain. Quant à la femme, quel usage fera-t-elle de sa liberté? On le devine. La foule des visiteurs se presse à sa porte. Quelquefois, néanmoins rarement, les caprices de son choix ont des bornes. Mais rien ne les lui impose. Elle peut ouvrir les bras aux caresses de qui lui plaît. Point de morale austère, point de surveillance jalouse pour s'en alarmer. Au contraire. Plus elle a de clients, plus elle est considérée. Ce qui ne l'empêche pas, les trois autres jours, de se montrer bonne épouse et bonne mère, de faire la joie de son mari et le bonheur de ses enfants, pour recommencer ainsi, régulièrement, aux mêmes intervalles, aussi longtemps que ses charmes sauront commander à l'âge, et que l'attrait du plaisir attirera les galants.

Par malheur, paraît-il, si l'amabilité de ces dames jouit, au loin, d'une réputation légitime, il n'en est pas tout à fait de même du renom de leur beauté. Le voisinage des belles Abyssiniennes y porte préjudice. Aussi le nombre des voyageurs, dans leur tribu, est-il moins considérable qu'on ne serait, à tort, tenté de le croire. J'en ai connu, cependant, qui avaient gardé bon souvenir de l'hospitalité hassanienne.

On prétend que le privilége bizarre dont je viens de

parler fut, à l'origine, un hommage spontané de la reconnaissance masculine, à l'issue d'une guerre où, battus et écrasés, les hommes s'étaient vus inopinément sauvés par l'intervention du beau sexe, dont le bras débile s'arma, à son tour, pour la défense du foyer conjugal. Peut-être est-il permis de supposer que ce furent, au contraire, nos amazones qui, profitant de leur victoire et de l'abaissement momentané de leurs seigneurs et maîtres, en abusèrent pour dicter à ceux-ci l'humiliante condition admise plus tard, de plain-pied, dans le domaine du droit public. Les explications varient sur ce point, demeuré indécis.

Je n'étais pas, en ce qui me concerne, appelé à l'éclaircir, ni à juger par expérience de l'étendue des consolations qu'elles lui doivent. Malgré l'insistance amicale de mes compagnons, je ne pouvais songer, pour le moment, à tourner mes pas de ce côté, ni à prendre leur toit pour abri, et nos rapports n'allaient plus être de longue durée. Nous étions arrivés à Alguede, lieu de jonction du chemin des caravanes du Barca avec la route qui mène de Khassala à Keren, et ils tenaient à ne pas se rapprocher davantage des Changallas. Le territoire de ces nègres féroces se trouvait encore, il est vrai, sur la gauche, assez éloigné de notre itinéraire, mais il n'est pas rare qu'ils aillent porter bien en dehors du rayon de leurs frontières le théâtre sanglant de leurs déprédations. Ce sont les pourvoyeurs attitrés des marchés d'esclaves de Khartoum et, disons-le aussi, la pépinière où les harems de l'Égypte recrutent leurs eunuques. Cette spécialité intéressante entraîne avec elle une mortalité épouvantable, et, parmi les malheureux qu'elle atteint, sept sur dix en moyenne succombent aux suites de l'opération.

Nous bivouaquâmes avant Alguede, sous un sycomore touffu, au bord d'une onde claire dédaignée par les baisers du soleil. C'était moi qui, jusqu'alors, m'étais chargé du menu des deux ou trois repas que nous avions pris ensemble, et dont quelques francolins, une petite gazelle, avec deux ou trois pintades tuées au courant de la marche, avaient fait tous les frais. Sur le point de nous quitter pour toujours sans doute, mes Hassaniès voulurent m'en offrir un à la mode de chez eux. Je les laissai agir. On apercevait sur la hauteur, en face de notre campement, sept ou huit huttes indigènes. Des troupeaux paissaient autour. Ils se dirigèrent de ce côté, et au bout d'une demi-heure revinrent chargés d'un mouton et d'un régime de dattes sèches.

En un clin d'œil, la bête est dépouillée et embrochée à une longue perche devant un feu pétillant; puis le succulent rôti, toujours garni de son manche, nous est servi en entier sur des pierres plates ramassées au fond de la source. Depuis, à combien de *diffas,* en Algérie, n'ai-je pas pris part, avec le mouton traditionnel apprêté de la même manière! Mais celui-là, mon estomac reconnaissant ne l'oubliera jamais. C'était le premier que je

mangeais ainsi accommodé, et je le vois encore étalant
à nos regards affamés ses chairs cuites à point, son
sang juteux, sa graisse dorée, sa peau légèrement
grillée criant sous le couteau. Quelle place occupent,
dans les préoccupations de l'homme, les soucis et les
appétits matériels, lorque, affranchi des conventions
policées de la civilisation, il se trouve jeté au milieu
de l'existence d'aventures et de ses lois inexorables!

Après une dernière tasse de café indigène, du café
comme je n'en ai jamais bu depuis, nous nous
dîmes adieu... Que d'adieux ai-je déjà échangés
au cours de ma vie, un peu dans toutes les langues et
sous toutes les latitudes! Que de gens avec lesquels
j'ai frayé, j'ai vécu, j'ai souffert, durant des heures,
des jours, des années, et que je ne reverrai jamais!

L'itinéraire que nous avions suivi jusque-là était celui
des caravanes qui, du fleuve Blanc et de Khartoum, se
dirigent vers la mer. Beaucoup plus court que la vallée
du Nil et sans obstacles bien sérieux à surmonter, c'est,
en effet, le chemin naturel du commerce du Soudan.
Avant les conquêtes de Mehemet-Ali, il n'en connaissait point d'autre. Ce fut ce prince qui entreprit
d'en détourner le courant au profit du royaume qu'il
venait de créer, et au bénéfice des marchands du Caire
ou d'Alexandrie. Il ne recula devant aucun effort, et
l'on se rappelle l'effroyable mort de son fils Ibrahim-
Pacha, brûlé vif avec toute son armée par les peuplades
qu'il venait subjuguer, celles-là même auxquelles,

aujourd'hui, ont affaire les Anglais. Sous le prétexte
d'obéir aux réquisitions du vainqueur, elles avaient
disposé autour de son camp d'énormes tas de fourrage
formant une chaîne continue. Puis, la nuit venue,
elles y mirent le feu. Personne n'échappa.

Mais il est hors de doute que, le jour où le Soudan,
comme il n'en est pas éloigné, échappera à la domination égyptienne, le courant mercantile reviendra à
ses habitudes traditionnelles et aux débouchés des
ports de la mer Rouge dont il ne s'est jamais désinté-
ressé. C'est ce que, de longue date, a compris l'Angleterre.

La situation de Souakim désigne tout spécialement ce
port pour en être l'entrepôt le plus général, et cette
considération, avons-nous à l'ajouter? ne fut pas, à l'origine, la moins éloquente pour la décider, sur ce point,
alors qu'elle les laissait bien en paix un peu plus loin,
à une démonstration vigoureuse contre les partisans du
Mâhdi.

A l'époque où j'explorais ces parages, Souakim
ne représentait encore qu'une modeste bourgade, ni
mieux ni pis que Massaouah, et bâtie de même sur un
îlot, à quelques encablures de la plage. Soumise, ainsi
que cette dernière, à l'autorité directe de la Porte, elle
était la résidence d'un petit gouverneur qui, sous le
titre de caïmacan, couvrait de son indulgence paternelle l'actif commerce des esclaves dont, plus encore
que Massaouah, sa situation géographique lui réservait

le privilége. Tête de ligne des routes du Soudan, je l'ai indiqué, et, assise presque en face de Djeddah, sur la côte d'Arabie, le plus grand marché de chair humaine de tout l'Islam, elle devait à cette circonstance une prospérité dont le régime britannique est loin aujourd'hui, nous le savons, de menacer la source.

Bien qu'il n'y fût alors question ni de télégraphe ni de bateaux à vapeur, les relations entre ces deux villes étaient incessantes et des plus rapides. Un exemple peut en donner l'idée, en même temps qu'il fournira une preuve de plus de la merveilleuse promptitude avec laquelle s'échangent, sans qu'on sache comment, les communications en pays arabe. De Djeddah à Souakim, dans les meilleures conditions de vent, de mer et d'embarcation, le trajet minimum était alors de trente heures. Or, lorsqu'eut lieu, à Djeddah, le massacre des consuls anglais et français, c'était vers dix heures du matin; eh bien! le soir même, sur les six heures, la nouvelle en était annoncée à Souakim et se répandait aux alentours... Comment?... Par qui?... M. Münzinger, qui me citait le fait et en fut témoin, se bornait à me le raconter sans pouvoir l'expliquer.

En passant sous l'administration immédiate de l'Égypte, Souakim vit, comme Massaouah, sa prospérité se développer, et bénéficia des bouleversements apportés par les conquêtes d'Ismaïl-Pacha dans le Soudan, non moins que des calculs de son ambition en éveil. Des négociants européens s'y installèrent; des steamers

fréquentèrent son port, une digue relia l'îlot à la terre
ferme, et, tandis que les fonctionnaires et les riches
marchands se bâtissaient des divans ou des maisons de
pierre dans le premier quartier, qui continuait à
demeurer leur apanage, un faubourg indigène dressait, sur le continent, ses masures de chaume, à l'abri
des fortifications et des établissements que le gouvernement y édifiait. Devenue une place d'armes destinée
à tenir en respect toute cette partie du littoral et à
fermer au besoin les routes de Khartoum ou de
Berber, Souakim compte aujourd'hui dix à douze
mille habitants, des Bicharis, pour la plupart. Les
puits qui lui fournissent l'eau sont à une demi-lieue
environ, entourés de sycomores et de jardins qui rappellent ceux de Monkoullo. Depuis l'occupation des
Anglais, les abords en ont été mis en état de défense,
des ouvrages avancés ont été construits, et ce que le
système militaire égyptien laissait d'incomplet a été
achevé.

Osman-Digma leur servit à propos de prétexte,
d'abord pour y débarquer les troupes soi-disant nécessaires à la protection de ce poste, et ensuite pour les
y maintenir avec un de leurs officiers en qualité de
gouverneur. L'Europe peut être assurée qu'à moins
d'une pression irrésistible et unanime, ils n'en sorti-
ront plus. Quant aux progrès d'Osman-Digma ou de
son patron, qu'ils s'accentuent ou qu'ils s'arrêtent,
qu'importe? Plus le Mâhdi et les siens s'établiront for-

tement, au contraire, sur le haut Nil, de manière à en
couper définitivement les relations avec l'Égypte, et
plus il en surgira, pour la politique de l'Angleterre,
d'avantages éclatants. Toute la vie commerciale de ces
régions refluera forcément vers les rivages qu'elle
détient désormais. Aussi, que l'infortuné Gordon fût
encore de ce monde ou non, l'expédition envoyée, sur
le tard, à son secours, ne fut jamais, suivant moi, destinée
à pousser ses opérations bien loin, et en admettant
qu'elle s'en tirât, dans la pensée de ceux qui l'avaient
conçue poussés par l'opinion publique, la limite de ses
efforts était depuis longtemps fixée.

Le khédive Ismaïl-Pacha, auquel on ne saurait
refuser le sens pratique d'un négociant habile, se rendait compte à merveille du danger suspendu en per-
manence sur l'avenir commercial de l'Égypte, et dont
l'imminence grandissait à mesure qu'il reculait lui-
même, au sud, la limite de ses États. Ce fut là le
secret de ses expéditions contre l'Abyssinie, et de sa
prise de possession des Bogos. Ne pouvant supprimer
cette issue toujours entr'ouverte sur son flanc, bien
qu'il en tînt les deux bouts, il voulait, en même temps
qu'il se ménageait de nouveaux champs d'exploitation,
devenir maître aussi des défilés montagneux qui en commandent le parcours, de manière à en saisir le contrôle,
sinon le monopole absolu. Le jour où les Bogos, reliés à
Khassala, furent à lui, ce but était atteint; et dorénavant il n'y eut plus que les convois d'esclaves, conduits

ou protégés par ses agents, qui la virent s'ouvrir tout à
fait devant eux. Avec l'ivoire, il n'était, en effet, guère
d'autre négoce dont jusqu'alors l'Extrême-Soudan eût
révélé les éléments. L'une portant l'autre, les deux
marchandises cheminaient sans bruit, à l'abri de la
surveillance gênante des préjugés européens, tandis que
toutes les denrées de nature plus licite s'amassaient
au grand jour, dans les magasins de Khartoum, pour
descendre ensuite, placidement, la ligne du fleuve.

En voilà désormais, à bref délai, le trafic rejeté,
avec le reste, sur la même voie. A Massaouah, les Italiens n'en auront que ce que daignera leur abandonner
le désintéressement de la Grande-Bretagne. Or, on
connaît la valeur de ce mot en anglais. Il est vrai
qu'elle ne leur interdit pas l'espoir chimérique d'acca-
parer tout le commerce de l'Abyssinie proprement
dite. Je crois que, sur ce point comme sur d'autres,
ils se heurteront à plus d'un mécompte. Massaouah,
vers lequel il s'est, néanmoins, détourné depuis longtemps, sous l'empire des événements, ne fut jamais
qu'un marché factice, imposé par la conquête arabe
aux besoins économiques de la région. Mais que la
France se décide, enfin, comme elle en a le droit
exclusif, et comme, selon moi, le souci raisonné de ses
intérêts lui en dicte le devoir impérieux, à s'installer, à
son tour, au fond de la baie d'Adulis, les populations chrétiennes des hauts plateaux sauront bien vite reprendre
ce chemin qui fut celui de leurs pères, parce qu'il était

et qu'il est toujours le plus accessible, le plus court;
et en dépit de toutes les menées italiennes ou anglaises,
Massaouah, relégué à l'écart, aura vécu... Qu'on jette
les yeux sur une carte !

Pendant que mes Hassaniès continuaient vers l'ouest,
j'obliquai sur la gauche J'allais quitter le Soudan pour
rentrer sur le territoire bogos. Il faisait horriblement
chaud. De larges crevasses fendaient le sol ; çà et là le
terrain, accidentellement éboulé, dégageait les couches
noires et grasses d'un humus de plusieurs mètres
d'épaisseur. Quelle fertilité puissante ! Nos pieds fou-
laient comme un tapis des amas d'herbe, à présent
calcinée, mais dont la hauteur avait dû certainement,
au printemps, dépasser celle d'un homme à cheval.
Un cordon d'arbres dessinait les sinuosités du ruisseau
dont nous côtoyions le lit desséché. Pas d'autre végétation vivante aux environs. Mais plus haut, au pied
d'un rocher et à l'ombre d'un énorme figuier sauvage,
nous attendait un petit réservoir dont les eaux avares
filtraient doucement sur un fond de sable. Autour,
quelques arbrisseaux verdoyants puisaient dans cette
humidité bienfaisante une séve que nulle saison ne
tarit. C'était une oasis au milieu de l'aridité générale
de la plaine. C'était aussi le rendez-vous de tous les
animaux sauvages qui, de loin, venaient y boire.

Nous y fîmes halte pour laisser passer les heures les
plus torrides du jour, et chacun se disposa, aussi
commodément qu'il le pouvait, à se livrer aux dou-

ceurs de la sieste. Je m'étais glissé sous les rameaux d'un agamé, un peu en amont de la source, et je dormais profondément. Tout à coup je suis réveillé par une détonation : Que se passe-t-il?... Et des cris, des appels... En deux bonds, je suis auprès du figuier dont ils semblent sortir ; et que vois-je? Un homme, le fusil à la main, sautant, gambadant, chantant, hurlant, et, au bord de la mare, le corps immobile d'un magnifique léopard, le crâne fracassé.

C'était Gœrguis, à demi fou de joie et de terreur tout ensemble. Plus de traces de sa gravité habituelle. Sous le voile opaque des larges feuilles du figuier, la tête contre une des racines, il s'était, ainsi que tout le monde, endormi, sans penser davantage aux hôtes de ces solitudes, mais cependant avec son fusil tout chargé, prudemment, sous la main. Sans cesse à la merci de quelque alerte imprévue, ces gens-là ne dorment jamais que d'un œil. La chute d'une branche, un chant d'oiseau, un souffle d'air les éveille. A un moment, il entr'ouvre la paupière : quelque chose, tout près, a remué ; il a entendu comme un soupir, ou comme des grains de sable froissés, de l'autre côté de l'arbre. Le noir d'une ombre se profile vaguement sur l'azur du ciel. Sans bouger, sans respirer, d'un mouvement de prunelle à peine perceptible, il regarde : c'est un léopard. L'animal ne l'a pas vu, il lui tourne le dos, et est occupé à laper l'eau en silence, pelotonné à la manière des jeunes chats, le mufle voluptueusement à demi baigné... Alors, sans changer de posture, Gœrguis, dissimulé par le tronc, remonte son fusil, ajuste la bête à la tempe, et lâche son coup. Un soubresaut formidable, et ce fut tout. Le léopard était mort.

Il était de toute beauté, vieux sans doute, et d'un fauve foncé, moucheté de larges taches sombres. Une demi-heure après, adroitement dépouillée, la peau séchait étendue au soleil, avec de petites fiches de bois enfoncées dans le sable, pour en maintenir la tension; et deux thalaris m'en rendaient le fortuné propriétaire.

Je m'étais promis de ne pas rentrer à Keren sans être allé visiter Kouffit, vers l'ouest, non loin de Bicha, dans la plaine de Kassa. C'était en cet endroit que, plusieurs années auparavant, un Français, qui se faisait appeler « le général X... », avait ébauché un établissement, à la fois militaire et agricole, dont il se proposait de faire la base de tout un plan de conquêtes en Abyssinie. Muni de lettres de recommandation puissantes, il était débarqué à Alexandrie, et avec l'autorisation du vice-roi qui alla jusqu'à mettre un de ses vapeurs à sa disposition pour remonter le Nil, il y avait racolé une soixantaine d'Européens de toute provenance. Puis, un beau matin, suivi de ce personnel grossi d'autant de nègres ramassés en route, on l'avait vu apparaître à Khassala, sous l'uniforme de général, tambour battant et enseignes déployées.

De là, après un soi-disant accord avec le gouverneur

égyptien, il était parti pour le Barca supérieur, y avait acheté, des chefs indigènes, un terrain suffisamment étendu, et s'était, sur-le-champ, mis en mesure d'y entamer l'œuvre d'une colonisation sérieuse. Des constructions furent élevées, des retranchements, des épaulements, mis en place, des terres ensemencées. Se flattant de trouver là une protection dont ils avaient soif contre l'avidité égyptienne, les chefs environnants accouraient, et se ralliaient autour de cette poignée d'Européens qui leur inspiraient confiance et leur promettaient la sécurité. Les débuts s'annonçaient donc sous des auspices favorables. De cet œuf eût pu sortir quelque chose de grand. Mais M. X... n'était pas l'homme qu'il eût fallu à une entreprise de cette nature. L'idée même n'était pas de lui.

Au bout de deux ou trois mois, sans caractère, sans énergie, il voyait ses projets discutés, son autorité méconnue. Des désertions se produisirent, des désordres éclatèrent parmi les siens, et pour comble, l'Égypte, qui avait couvert ses premiers pas d'une bienveillance dont il aurait dû se méfier, démasqua tout à coup ses batteries. Deux compagnies d'infanterie arrivèrent de Khassala pour le déloger des lieux qu'il occupait.

On ne recule pas devant des Égyptiens lorsqu'on est Français, et qu'au-dessus de son front flottent les plis du drapeau national, arboré, ainsi que l'avait fait M. X... au milieu de son camp, comme une vivante évocation de la France. Il avait, autour de lui, bien

encore assez de monde. La position était forte. Les
armes, les munitions ne lui manquaient pas. Tout
autre, plus habile et plus courageux, eût méprisé les
injonctions de l'officier égyptien, et repoussé son
attaque à coups de fusil, s'il eût osé la tenter. Les
guerres de l'Égypte contre l'Abyssinie, et la bataille
de Tell-el Kebir contre les Anglais, ont montré ce
qu'on peut craindre de ses soldats. Mais M. X... préféra
se rendre avant d'avoir combattu, et abandonnant à
leur destin ceux qui lui étaient demeurés fidèles, il se
rendit à Khassala, pour adresser de là, disait-il, ses
réclamations à notre consul et à la cour du Caire.

Pendant plusieurs mois, il y séjourna, promenant,
dans les rues de cette ville, ses épaulettes de général.
Une quinzaine de ses adhérents, qui l'avaient rejoint,
y attendaient avec lui l'issue de ses démarches. Un beau
jour, il les laissa pour aller, sur place, en activer
l'effet. Des mois se passèrent. Les malheureux n'entendaient parler de rien. Quelques-uns avaient suc-
combé aux atteintes de la maladie et de la misère. Les
survivants se dispersèrent. Le dernier, un jeune
homme nommé Christen, après être parvenu, au prix
de mille dangers, mille peines, à atteindre Massaouah,
mourut au moment où notre agent allait le rapatrier.
Il ne laissait d'autre héritage qu'une chienne, une
pauvre bête, compagne de toutes ses vicissitudes, qu'il
avait ramenée de Khassala, et qu'il avait appelée
Misère!... Ce nom n'en dit-il pas assez, et n'est-ce

pas navrant?... Elle était errante à mon arrivée; je l'adoptai et la gardai longtemps.

Avec la tombe de cet infortuné, dans un îlot de sable solitaire et nu, les ruines de Kouffit constituent tout ce qui reste de la tentative d'expédition de M. X... en Abyssinie. Quant à celui-ci, affolé quand même de la rage du galon et de l'uniforme, il se mit au service de la commune de Paris en 1871. Là il put être général tout à son aise. A l'entrée des troupes, il réussit à s'échapper, et il mourut, plus tard, en exil.

Je me proposais de séjourner vingt-quatre heures à Kouffit. Un petit gourbi de branchages, édifié en quelques minutes, allait constituer mon palais. Et si je me sers de cette expression ambitieuse, c'est que, dès le lendemain, j'y recevais des ambassadeurs. C'étaient quelques chefs des environs. Le bruit de l'arrivée d'un Français s'était vite répandu parmi eux; en haine de l'Égypte, ils se disaient que je venais peut-être reprendre l'œuvre interrompue de M. X..., au nom de la France même, cette fois. Chez eux aussi, les largesses tombées de sa main généreuse pour soulager la détresse des Bogos avaient eu du retentissement; de bonne foi, ils croyaient que de telles libéralités ne pouvaient être que le prélude d'une manifestation plus sérieuse et moins désintéressée. Leurs espérances spontanées, leur confiance naïve en notre pays offraient quelque chose de touchant.

Ce ne fut pas sans regret que je dus les désabuser.

Plus d'un, selon l'usage local, m'avait apporté des
présents : une vache, une chèvre, du lait, du miel.
Nulle contrée au monde, je suppose, n'en produit
d'aussi exquis ni d'aussi parfumé que l'Abyssinie. Les
abeilles y foisonnent; et cette profusion de fleurs
embaumées, qui tapissent les rampes de la montagne
aussi bien que le fond des vallées, leur fournit en toute
saison une récolte plantureuse dont les aromes s'infil-
trent dans leur miel. Les habitants le consomment le
plus généralement sous la forme de tedj; quant à la
cire, elle constitue un des éléments importants de leur
commerce. Celui-là était rosé, aussi engageant à l'œil
qu'à l'odorat, et enfermé dans une outre en peau de
chevreau, de fabrication récente. Je la fis déposer, jusqu'au prochain repas, dans un coin de ma cabane.

Le soir, je fouillai en vain les broussailles du voisinage : pas une pintade, pas un francolin, pas une
gazelle. La chaleur était trop forte, le gibier se cachait;
je rentrai bredouille. J'avais pourtant compté, comme
d'habitude, sur ma chasse pour dîner. Heureusement
que mon miel était là, et faute de mieux, avec deux ou
trois *bourkoutas,* je n'allais pas encore être trop à
plaindre. Ce sont des espèces de galettes de farine de
dourah. Mes domestiques étaient déjà en train d'écraser
le grain entre deux pierres, et d'allumer un feu auquel
le combustible ne manquait pas. Une jolie cendre
blanche s'amassait sous le petillement de la flamme.
C'est indispensable à la confection du bourkouta. Il

est, en outre, besoin d'un certain nombre de cailloux, ronds autant que possible. Ces accessoires réunis, et la pâte plus ou moins sommairement pétrie, on en enduit chacun de ces cailloux, préalablement chauffés au rouge, d'une couche d'un pouce d'épaisseur environ. Puis, lorsque le tout est suffisamment adhérent et a revêtu l'aspect approximatif d'une boule, sur laquelle l'opérateur a eu bien soin de laisser l'empreinte profonde de ses doigts, — c'est le comble de l'art, — il l'enfouit avec précaution dans la braise. Cinq minutes de cette cuisson, et c'est tout. La pierre à demi calcinée de l'intérieur grille, de ci de là, la croûte immédiate qui l'enveloppe ; l'extérieur est brûlé par le feu ; quant à la masse intermédiaire, elle reste généralement à peu près aussi crue qu'au moment où elle sort des mains qui l'ont battue. Prétendre, après ces diverses manipulations, qu'on va savourer quelque chose d'aussi délicat que les petits fours de Boissier, ce serait peut-être aller un peu loin. Mais lorsqu'on a faim, qu'on n'est pas trop dégoûté par la saveur aigre de la mixture, par le charbon qui s'y mêle, ou par la cendre qu'on avale, mon Dieu! ça se laisse manger, comme tant d'autres vilaines choses auxquelles je me suis vu réduit, plus d'une fois, dans mes voyages ou mes campagnes.

Ce soir-là, ne l'oublions pas, j'avais, en plus, mon miel, ce miel succulent dont la couleur rose m'était restée dans l'esprit. Je m'en fais ouvrir l'outre... Horreur! Il était devenu gris. En regardant de plus près, cette transformation me fut expliquée : des myriades de petites fourmis, minces comme la pointe d'une aiguille, l'avaient envahi, et leurs corps minuscules, étouffés, puis confits et incrustés dans la substance sucrée, en mouchetaient le cristal comme des milliers de points noirs. Tenter de les en extraire, c'eût été le travail des Danaïdes; d'autre côté, renoncer à l'unique mets réservé aux convoitises de mon estomac, c'était bien dur... Je goûtai : point d'odeur! Les fourmis cristallisées n'avaient laissé aucun fumet. Bah!... Je fermai un peu les yeux, aux deux ou trois premières bouchées, et je continuai. Ce n'était décidément pas mauvais du tout. Bref, il se trouva qu'avec mes bourkoutas et mon miel à la fourmi, je m'étais rassasié parfaitement... Mes domestiques, ébahis d'abord, charmés bientôt, m'imitèrent. Ensuite, je me couchai et je m'endormis...

Mais voilà qu'au milieu de la nuit je suis assailli de douleurs violentes. Mes gens geignent dans leur coin également... Qu'est-ce donc?... Qu'y a-t-il?... Il y a que nous nous sommes tout bonnement empoisonnés, et que, sans y réfléchir, nous avons, les uns et les autres, absorbé de l'acide formique à haute dose. Par bonheur, je possédais aussi deux outres pleines de lait. J'en prends, et j'en distribue à profusion. A part un peu de faiblesse, dans la journée il n'y paraissait plus, et nous pouvions nous remettre en route.

A côté de ces fourmis dont nous avions failli devenir

victimes, il en est d'une autre espèce, qui, elles aussi, produisent au contraire, dans leurs galeries souterraines, une sorte de miel assez agréable. Il est blanc, sucré; on m'en fit manger à Keren, et jamais je n'en aurais soupçonné l'origine. Mais, en général, il est peu abondant.

Nous contournions le Debrè-Salè, dont le pic domine tout le pays des Bogos. Au soir, nous campâmes sur les bords du ravin qui le sépare des contre-forts les plus rapprochés de la haute Abyssinie. Les intervalles des pointes de rocher qui en garnissaient le lit étaient comblés d'un sable fin, doux au toucher comme de la poudre d'or. Ma peau de bœuf étendue là, et mon sac, en guise d'oreiller, entre les racines d'un euphorbe gigantesque, j'eusse dormi mieux que sur de l'édredon. Déjà, j'avais donné l'ordre de tout préparer.

— Non! non! pas ici, dit vivement Gœrguis en s'avançant.

— Et pourquoi?

— Regarde!

Et du doigt il m'indiquait les hauteurs du plateau, sur notre droite. Un rideau de nuages lourds et menaçants les enveloppait. En bas, nous subissions toutes les ardeurs brûlantes de l'été; c'était, par contre, en haut, la saison des pluies, — l'hiver, ainsi qu'on l'appelle là-bas, mais un hiver dont nos printemps d'Europe pourraient, le plus souvent, envier les délicieuses alternatives de chaleur et de frais. Durant tout le jour, le ciel y reste d'une pureté immaculée, le soleil y règne en maître, jusqu'à l'heure de son déclin.

A ce moment-là, vers les six heures, avec la régularité d'une horloge et la rapidité de l'éclair, un vent s'élève, qui amène, de toutes les extrémités de l'horizon, de sombres nuées dont le dôme s'épaissit progressivement. Puis, tout à coup, l'orage éclate. Et, pendant une heure, ce sont des roulements de tonnerre, des traînées de feu, des nappes d'eau, à abîmer et à noyer toute une contrée. Ensuite, la tourmente se dissipe, les cieux retrouvent leur sérénité d'azur, le vent s'apaise, et les étoiles scintillent. La terre, rafraîchie, exhale des senteurs enivrantes, les fleurs éclosent, la sève monte, la verdure se déploie. Et, le lendemain, à la même heure et dans les mêmes conditions, se reproduisent exactement les mêmes phénomènes que la veille. Il en est ainsi, tous les ans, pendant une période de trois mois.

— L'orage est descendu aujourd'hui plus bas que d'habitude, reprit Gœrguis. Cette nuit, ce torrent roulera des flots chargés d'écume qui t'emporteraient endormi. C'est là, au-dessus, poursuivit-il en me désignant une petite plate-forme en retrait dans une anfractuosité de la montagne, qu'il faut te coucher.

Le conseil me paraissait sage. Je m'y conformai, et je n'eus qu'à m'en applaudir. Je reposais, en effet, profondément, lorsqu'un fracas formidable m'éveille en sursaut. On eût dit la montagne qui s'écroulait. Des

hurlements sinistres frappent les échos. Des ombres
affolées traversent les ténèbres. Le bruit, encore à
quelque distance, se rapproche avec la rapidité de la
foudre. J'ai à peine le temps de m'interroger qu'il
retentit déjà là, sous mes pieds. C'est le torrent subitement enflé, ainsi que l'avait prédit Gœrguis, qui se
précipite comme une avalanche, déracinant les arbres,
entraînant avec lui tout ce qu'il rencontre, et dont les
animaux sauvages, éperdus, fuient les étreintes. Surpris
dans mon sommeil, jamais je ne serais parvenu à y
échapper.

LES FUNÉRAILLES D'UN CHOUM.

CHAPITRE VII

Mender et Medina. — Les funérailles d'un choum. — Mes aventures dans le Debrè-Salè. — Mon départ de Keren. — Abba-Emnatou. — Le prix du sang.

Trois quarts d'heure après, il n'y paraissait plus. A la place de cette trombe mugissante, à peine un mince filet d'eau gazouillant sur les cailloux; et au matin, plus rien; tout au plus des traces d'humidité. L'atmosphère était demeurée aussi étouffante; et nous rôtissions en suivant péniblement le sentier qui serpentait au fond de ces gorges. En certains endroits, les parois verticales de la roche et les excavations creusées par les eaux le resserraient à tel point que le sabot de nos mules foulait à peine l'espace nécessaire pour se poser avec sécurité. Ce fut précisément à l'un de ces étranglements que nous nous trouvâmes tout à coup en face d'un groupe d'hommes qui venaient en sens contraire, et dont l'aspect semblait étrange. Au lieu de la lance et des armes traditionnelles dont tout Abyssin en voyage, riche ou pauvre, marchand ou soldat, n'aurait garde de se séparer, la plupart de ceux-là ne portaient à la main qu'un bâton, et sur le

dos, que des instruments de musique : violes à long
manche, tambourins rustiques, mandolines grossières,
tels étaient les éléments de cet orchestre inopiné. Gœrguis connaissait celui qui paraissait être le chef. — Qui
ne connaissait-il pas? — Il s'avança vers lui, et, après
l'échange de quelques mots, la bande escalada de son
mieux les aspérités du roc sur notre flanc, et s'y tint
en suspens, pour nous laisser le passage libre.

— Quels sont ces gens-là? lui demandai-je, quand
nous eûmes défilé.

— C'est une compagnie de chanteurs qui vont assister
aux funérailles de Hakin.

— Et cet Hakin, qui était-ce?

— Le choum[1] du pays où nous sommes en ce
moment, et l'un des plus importants parmi les notables
des Bogos. Presque toutes les hautes terres relevaient
de son autorité. Je ne suis point surpris. Il est mort de
sa fille.

— Il est mort de sa fille! que veux-tu dire par là?

— C'est une histoire tragique, et qui ne date que
d'hier. Hakin avait un fils, et une fille appelée Medina.
Il y a deux ans, le premier périt dans un engagement
avec les Barias. Medina était fiancée depuis longtemps
à un jeune chef des Bogos de la plaine, et lorsqu'il se
fut écoulé un temps suffisamment long après la mort

---

[1] Ce mot est le terme abyssin, correspondant à l'expression
arabe de cheik (chef).

de son frère, elle l'épousa. Il se nommait Mender. Tous les deux s'aimaient avec passion, et, loin de diminuer leur amour, comme il arrive trop fréquemment, le mariage ne fit que le stimuler davantage.

— Ah! si je venais à te perdre, disait parfois en soupirant Mender à sa femme, je me couvrirais de cendres pour le reste de mes jours, et jamais une autre ne partagerait ma couche.

— Moi, répliquait Medina, si tu mourais, je ne te survivrais pas.

Ces propos-là, ils ne s'en cachaient point. A diverses reprises, on les avait entendus se les répéter l'un à l'autre. Jeunes, riches et beaux, c'était là, il est vrai, aux yeux des sages, de ces serments qu'en cas de malheur, l'avenir se charge bien vite de démentir.

En attendant, ils vivaient heureux. Et, suivant une coutume particulière aux Bogos, chacune des femmes du village était venue, pour un temps, déposer dans leur maison, comme chez la plupart des jeunes mariés, ses bijoux et ses objets les plus précieux, afin d'attirer sur son propre toit un peu du bonheur qui semblait leur avoir été départi en ce monde.

Or, il advint qu'un des jeunes chefs de la contrée alla contracter mariage au pays des Hall-Hall, qui commence à cette baie d'Adulis que tu as visitée et que le roi Négoussié a donnée autrefois à la France, pour s'étendre entre les terres stériles des Danakils et les plateaux verdoyants du Lasta et du Tigré. Il partit, escorté d'une troupe joyeuse de parents et d'amis. Mender se trouvait du nombre.

Le père de la future était un des guerriers les plus riches et les plus renommés des Hall-Hall. Il tint à traiter magnifiquement des hôtes venus de si loin ; et, au bout de plusieurs jours, les fêtes des épousailles terminées, il les renvoya chez eux comblés de présents.

Deux routes s'offraient à leur choix pour regagner les Bogos. L'une, la plus longue, mais aussi la plus sûre, longeait la mer en partie jusqu'au-dessus de Massaouah. C'était celle qu'ils avaient suivie en se rendant chez les Hall-Hall. L'autre, plus courte, tu la connais, nous l'avons prise nous-mêmes pour atteindre Keren. Tu sais combien elle est pénible et accidentée ; mais ce que tu ignores, c'est le nom et le caractère des diverses tribus dont elle traverse le territoire, et dont nous n'avions pas à nous inquiéter.

Il n'en était point ainsi pour nos jeunes gens ; car pendant toute une journée, elle côtoie la tribu des Takoué, une fraction des Chohos, et leurs ennemis héréditaires, dont, il y a bien des années déjà, le choum avait été, dans une rencontre entre les deux partis, tué de la main même du père d'Hakin. Jamais, pour ce meurtre, aucun prix n'avait été acquitté, ni aucun arbitrage prononcé. Il existait donc entre eux une guerre de sang, et depuis longtemps, sans y être parvenus, les Takoué cherchaient l'occasion d'exercer des représailles.

Néanmoins ce fut cette voie que les imprudents

adoptèrent. Confiants dans leur nombre et leurs forces, jamais, pensaient-ils, les Takoué n'oseraient les attaquer. Et en effet, ceux-ci se gardèrent bien de les assaillir ouvertement; mais, aux environs d'Ela-Barett, que tu te rappelles sans doute, alors que les jeunes Bogos pouvaient presque se croire en sûreté, ils leur dressèrent durant la nuit une embuscade où tous succombèrent. Pas un seul n'en revint.

Au point du jour, criée selon l'usage par les pâtres, de montagne en montagne, la nouvelle du massacre était déjà arrivée jusqu'au village où Medina, anxieuse, attendait son époux, et plus d'une mère son fils bien-aimé. Aussi l'on peut se faire une idée du concert de lamentations et du deuil qui accueillirent ce funèbre message. De tous côtés, c'étaient de pauvres vieilles femmes gémissant et se déchirant la poitrine de leurs ongles, ou des vieillards consternés lançant au ciel de vaines imprécations, ou bien encore les frères et les amis des victimes jurant de tirer des Takoué une vengeance éclatante.

Seule, Medina ne s'était point montrée. Au premier bruit, elle avait envoyé au dehors une fidèle servante pour s'informer, et lui raconter ce qu'elle aurait appris. Dès qu'il n'y eut plus de doute, faisant éteindre le feu du bain de fumée qui brûlait déjà depuis deux jours, elle se ramena son natâla sur le front, et durant vingt-quatre heures elle demeura accroupie, la figure sillonnée de larmes muettes, près de son foyer solitaire.

Puis, au matin, elle envoya prier toutes les femmes dont elle gardait les bijoux en dépôt de se rendre dans sa maison.

— Aujourd'hui je ne suis plus l'heureuse Medina, leur dit-elle. Il ne peut, désormais, s'échapper de ce toit que des influences de malheur. Reprenez donc tout ce qui vous appartient.

Et lorsque la dernière des femmes se fut éloignée, elle demanda ses plus beaux habits, ses plus riches parures, et s'en revêtit.

— J'aimais à être belle, répétait-elle à sa servante, au temps où je me nommais l'épouse de Mender, et où il se plaisait à me voir ainsi. Ses yeux ne me verront plus, maintenant. Je l'ai perdu. Je ne suis plus qu'une veuve déshéritée. Tu vas prendre ma mule, et te rendre chez mon père l'avertir que, demain, j'irai me réfugier auprès de lui.

Et lorsque, sous ce prétexte, elle eut écarté cette femme, elle s'enferma. Au soir, une voisine qui ne l'avait point vue, surprise et inquiète, se rendit chez elle et appela. Point de réponse. D'autres se joignirent à celle-là, appelant de nouveau à haute voix Medina. Toujours pas de réponse. La porte fut enfoncée. Au fond de la case, dans un coin, quelque chose de blanc avec des reflets d'or tranchait sur l'obscurité à demi tombée. C'était Medina, pendue à une poutre, couverte de ses beaux habits et parée de ses bijoux de mariage.

Aussi lorsque la servante atteignit, dans la nuit, la demeure d'Hakin, au lieu de trouver celui-ci couché et ses serviteurs endormis, elle le rencontra sur le seuil, prêt à partir, malgré l'heure avancée. La voix des bergers, d'écho en écho, venait de lui apporter la nouvelle de la seconde catastrophe, plus horrible que la première, qui frappait sa vieillesse. Et, sur-le-champ, il s'était mis en route.

Et lorsqu'il fut arrivé à la maison qui avait été celle de Mender et de Medina, il demanda à voir les restes de sa fille. On avait rejeté par-dessus une natte et un quârri. Les femmes qui veillaient auprès la lui indiquèrent. D'un geste, il la découvrit, et s'asseyant, il demeura quelques instants, la lèvre tremblante, la prunelle fixe, à regarder le visage déjà froid de cette enfant qui avait été sa joie et son orgueil.

— Ah! fille sans cœur, s'écria-t-il tout à coup, avec un accent farouche, as-tu bien pu te tuer ainsi pour un mari, sans souci de la douleur de ton vieux père! N'étais-je point assez riche et assez puissant pour t'en procurer un autre encore meilleur que le premier?...

Et puis, subitement, de cet accès d'indignation passant à un désespoir déchirant, les sanglots étouffèrent sa voix. Il se jeta sur les mains de sa fille, les serrant convulsivement, les couvrant de pleurs et de baisers :

— Non! non! tu as bien agi, ô mon enfant, tu es

digne de ta race. Toute femme qui aime son mari ne doit pas lui survivre.

Et alors il commanda qu'on emportât le corps dans son village; et, après lui avoir fait faire de somptueuses funérailles, il voulut qu'elle fût enterrée à la place même où il rendait la justice à sa nation.

Depuis ce moment, il ne prononça jamais le nom de Medina, mais, chaque jour, il passait de longues heures à méditer en cet endroit. Sans autre enfant pour le consoler et perpétuer sa lignée, on le voyait dépérir lentement. La dernière fois qu'il me fut donné de lui parler, le signe de la mort était déjà sur lui. C'était un chef sage et respecté. Je regrette de ne pouvoir me joindre à ceux qui lui rendront les devoirs suprêmes.

— Son village est-il loin? m'informai-je.

— A quelques heures à peine, sur la droite, quand on a quitté le Debrè-Salè. Le chemin se voit d'ici; c'est cette ligne blanche un peu en arrière de nous, là-bas, qui serpente le long de la montagne, de l'autre côté du ravin. Je ne sais pourquoi les chanteurs en ont pris un autre, un peu plus long.

— Eh bien, allons-y!

J'étais assez au courant des mœurs locales pour être sûr d'un accueil empressé.

Cinq minutes plus tard, à un coude du sentier, nous le quittions pour franchir le lit du torrent, et remonter vers le sud.

Un détour nous remit en présence de nos amateurs

du matin. Ils marchaient en chantant un rondeau populaire, et rimé dans leur langue comme chez nous :

> *Hadja, mennit, réko dib la mahas mâlè;*
> Hier, à minuit, j'ai rencontré Hadja, là-bas, dans le torrent;
> *Ana etoualépa od hêta tedjemâlè,*
> Je me suis retourné vers elle, et elle m'a souri avec complaisance.
> *Routoub mogabata, châfèg ellatâlè.*
> Elle a les jambes bien fines, cela ne va pas pour marcher vite.
> *Aïnab ouelde bétâlè,*
> Ses dents ressemblent aux filles de la tourterelle blanche,
> *Assar oueld hamâlè.*
> Ses gencives au fils du merle noir.

Les troubadours nous saluèrent avec déférence, et
instruits par Gœrguis de nos nouvelles intentions, se
joignirent à nous. Avant le coucher du soleil, nous
étions à destination.

Pas d'hésitation pour découvrir l'habitation d'Hakin.
Des lueurs rouges et un bruit confus nous guidaient.
C'étaient les grands feux allumés dans la cour, autour
desquels les anciens étaient accroupis, et la foule circulait. Le clocher en chaume de l'église se dressait
au-dessus. Les cérémonies étaient entamées. Dans un
coin mal éclairé, on égorgeait des vaches. Plus en
lumière, un chœur de jeunes filles, comme à Keren,
psalmodiait une complainte, en se déhanchant et en
marquant le pas tour à tour; et, parallèlement, des
jeunes garçons, en file, se livraient à la danse du
sabre. Mais, on le sentait, ce n'était là qu'un prologue, en attendant le morceau capital. A l'entrée des
chanteurs, deux ou trois hommes s'étaient levés.

Gœrguis s'avança vers celui qui avait l'air d'en être le plus important, et après une embrassade où la surprise de l'un se mêlait à l'affliction de l'autre, il me l'amena. Mis au courant par quelques mots échangés à la hâte, celui-ci appela les parents, et tous me conduisirent avec solennité à un angareb d'où je pouvais assister au spectacle.

Les inévitables salamalecs accomplis, les troubadours préludèrent. Au centre, son taboura à la main et deux musiciens à ses côtés pour accompagner les chants, le chef donna le signal. Et alors retentirent les premiers accords d'une mélopée qui allait durer jusqu'au jour. C'était, bien entendu, la glorification des vertus et des mérites du défunt, ou l'histoire de ses hauts faits. Chacun improvisait, à son tour, une strophe que le chœur entier reprenait. Et cela, sans se fatiguer, sans se reposer, pendant des heures, sauf quelques libations d'hydromel pour humecter le gosier des virtuoses. L'aurore fut le signal d'un arrêt prolongé; les viandes étaient prêtes, l'estomac avait besoin de se refaire. Plus d'autre souci que le festin.

D'ordinaire, ce sont la propre femme et les filles du mort qui remplissent elles-mêmes ce rôle, et célèbrent devant ses amis la gloire de leur époux et de leur père, en se labourant la figure de leurs ongles. Hakin n'ayant plus ni femme ni enfant, il avait bien fallu recourir à un ministère étranger. Il n'est pas rare non plus que ces fêtes mortuaires durent plusieurs jours. La douleur fastueuse des fils aime à entourer la mémoire de leur père de ce suprême hommage. Dans le cas présent, les collatéraux à qui revenait l'héritage n'avaient pas tenu à déployer une aussi somptueuse mise en scène. Une fois le repas digéré, l'hydromel avalé, et le corps tiré de l'église où il avait passé la nuit, pour être enterré, un peu à l'écart, au flanc de la colline, dans le tombeau que lui avaient creusé les mains des habitants du village, la dernière prière dite par le prêtre indigène, tout était fini. Le peuple se dispersa, et nous reprîmes définitivement la route de Keren.

Afin de ne pas refaire exactement celle que j'avais déjà suivie, je laissais mes domestiques s'y engager en compagnie des mules et des bagages ; et, après m'être orienté, je me mis en devoir de revenir seul, en chassant. Sur la rampe occidentale du Debrè-Salè, je jouissais d'un magnifique coup d'œil ; et je m'absorbai si bien dans mon admiration, en regardant le panorama splendide et grandiose où les tons colorés du sol se confondaient, dans le lointain, avec les brumes de l'horizon, que je finis par m'égarer.

J'avais supposé, d'après la configuration du terrain, pouvoir découvrir, vers l'est, une issue que l'abaissement distinct du Debrè-Salè dans ce sens me permettait d'espérer. Ensuite, par une marche oblique, savamment combinée, je devais rallier ma troupe.

Mais, en avançant, je me convainquis que la déclivité d'abord observée cessait bientôt, et, tout à coup,

autour de moi, je n'eus plus qu'une vaste lande entre-
coupée de clairières et de taillis, au travers desquels,
s'il était aisé de se mouvoir, il était, du moins, impossible de se reconnaître. Je voulus rebrousser chemin.
C'était trop tard. La nuit arriva, et je demeurai au
milieu des ténèbres, sans un rayon de lune pour me
guider. J'essayai, au bout de quelques instants, de me
diriger d'après les étoiles; mais, avec les yeux en l'air,
il m'était difficile de regarder à mes pieds; et, plus
d'une fois, je roulai au fond d'une crevasse inaperçue,
au risque de me briser la tête ou de perdre mes armes.

A la suite d'une dernière chute, plus grave que les
autres, je résolus de ne pas aller plus loin, et, ne
pouvant mieux faire, je pris philosophiquement le parti
de me coucher sous un arbre. J'étais harassé, la fatigue
l'emportait sur toute autre préoccupation, et je m'endormis...

Mon sommeil durait depuis une heure ou deux,
lorsque, sous l'impression d'un de ces malaises indéfi-
nissables qui avertissent toujours l'homme en danger
de mort, j'ouvris les yeux. La lune était levée et éclai-
rait en plein le paysage. Une vive lumière frappa mon
regard; mais, tout aussitôt, une grande ombre noire
s'interposa entre le ciel et moi, et je sentis une haleine
fétide me passer sur la figure. Je poussai un cri d'épouvante, et ne fis qu'un bond pour me retrouver debout.
La bête féroce — car c'en était une, hyène ou panthère, je n'ai jamais bien su au juste — effrayée de ce

mouvement inattendu, se rejeta en arrière et disparut dans l'obscurité, poursuivie par un coup de feu qui ne l'atteignit point. Je ne me rendormis pas.

Vers le nord, une lueur rougeâtre colorait les ténèbres ; je marchai dans cette direction. C'était un campement de pâturage. On entendait dans la nuit le souffle de tous ces bestiaux ; leurs grands corps noirs se voyaient étendus çà et là. J'approchai avec précaution. Tout à coup, des aboiements furieux me signalent. Je hèle les bergers. — Pas de réponse ! A la fin, une voix s'élève :

— Passe ton chemin, me crie-t-elle...

J'insiste. Je me sers du nom de M. Münzinger ; un homme vient à moi.

— Que veux-tu ? me dit-il.

— L'hospitalité pour quelques heures et un peu de lait.

— As-tu de l'argent ?

Je fais luire un thalari. Aussitôt, il me prend la main, écarte les chiens, et m'introduit dans un enclos d'épines, où il m'est permis de me reposer et de me désaltérer.

Le lendemain, je retrouvais mes gens, inquiets et bouleversés, et le soir nous rentrions à Keren.

Notre visite au pays des Bogos touchait à sa fin. Chaque jour, les chefs renouvelaient, sans plus de succès, leurs instances auprès de l'évêque, pour obtenir de son choix un gouverneur européen, et le prélat était pressé de se soustraire à la fois à l'obses-

sion de prières stériles qui le fatiguaient, et au spectacle
d'une dégradation morale qui l'affligeait. L'argent de
la France avait été distribué en partie; ce qu'il en restait fut compté au prêtre indigène, gardien de la mission, afin d'en achever la répartition au fur et à mesure
des besoins populaires.

Ce prêtre, c'était Abba-Emnatou, un des anciens
ambassadeurs de Négoussié en France, et l'envoyé
dépêché naguère par lui au commandant Russel pour
ratifier la cession de la baie d'Adulis [1]. Il se complai-
sait au souvenir de sa mission et des merveilles qu'il
avait vues. Paris, Rome, hantaient sa mémoire, et les
féeries surnaturelles du ballet de l'Opéra alternaient
fréquemment, je l'ai déjà raconté, dans ses réminis-
cences enthousiastes, avec la solennité majestueuse des
cérémonies de l'Église romaine.

Esprit fin, souple et délié, ainsi qu'il s'en révèle tant
d'exemples en Éthiopie, à travers tous les régimes,
toutes les conquêtes, il était parvenu à se maintenir
dans les meilleurs termes avec chacun, et à conserver
la même influence successive, aussi bien auprès du
maitre de la veille que du vainqueur du lendemain.
Je m'étais lié avec lui, et sa conversation intéressante
et judicieuse m'en apprit bien plus, en quelques
heures, sur la situation économique de l'Abyssinie, son
état politique, ses aspirations sociales, que n'eussent

[1] *Mer Rouge et Abyssinie.*

pu le faire peut-être des mois, des années de voyages.
Le mot d'*Abba* qui précédait son nom est l'indice de
la dignité ecclésiastique, et se place, en Éthiopie, devant
celui de tous les prêtres. C'est l'*abbé* de chez nous; et,
suivant moi, il faut chercher l'origine commune de
l'un comme de l'autre dans le radical d'*Abou,* qui, en
arabe, veut dire *père*.

Il nous avait accompagnés jusqu'à l'extrême limite de
la vallée de Keren, et, tout en cheminant, il me parlait
une dernière fois de la France, de tout ce qu'elle pourrait
faire, si elle le voulait, dans son propre pays, des bienfaits que sa domination y apporterait, des sympathies
qu'elle y rencontrerait; — tout cela entremêlé de projets et de plans sagement conçus, d'observations profondes, et, au-dessus de tout, de vœux ardents pour
une régénération que l'Éthiopie ne pouvait plus attendre
d'elle-même, mais qu'elle devait seulement, disait-il,
implorer de la France, sa protectrice naturelle, et la
patronne généreuse de tous les chrétiens d'Orient.

De telles paroles résonnent toujours doucement au
cœur d'un Français; mais que d'illusions en elles!...
Et combien aujourd'hui de cette foi précieuse s'est
envolé au vent funeste de la politique ou de l'indiffé-
rence!

Abba-Emnatou n'était pas le seul qui nous eût escor-
tés. Les principaux notables nous entouraient aussi,
adressant à l'évêque des supplications désespérées, ou
bien assiégeant M. Münzinger de recommandations et

de requêtes relatives à leurs intérêts privés. L'un d'eux, plus âgé que les autres, m'avait pris de belle amitié. Maintes fois, il m'avait engagé à rester pour devenir chez eux ce chef européen dont ils réclamaient la présence.

— Si tu veux être notre *choum,* me répétait-il, nous pourvoirons à tous tes besoins. Tous les jours, on t'apportera les mesures de dourah, les pots de lait, les outres de miel qui te seront nécessaires. Tu choisiras parmi nos troupeaux cinquante vaches des plus belles, et parmi nos jeunes filles celle qui te plaira. Chaque printemps, tu prélèveras la dîme sur toutes nos récoltes, sur tous nos biens.

Tant d'avantages ne m'avaient pas séduit néanmoins. Au dernier moment, il renouvelait ses instances, et, les voyant demeurer aussi inutiles que les précédentes :

— Quand tu reviendras, ajouta-t-il, si tu reviens jamais, les pierres blanches de mon tombeau garniront, à côté de ceux de mes ancêtres, le versant de la colline.

Et, d'un geste, il me désignait la vallée qui s'offrait alors à nos regards, telle que le fond d'un immense entonnoir encadré par une guirlande de montagnes.

Au flanc de cette vaste enceinte apparaissaient, en effet, dispersées çà et là, isolées ou par groupes, des taches blanches dont la couleur éclatante contrastait étrangement avec la teinte uniforme de l'ensemble. C'étaient autant de mausolées. Car chez les Bogos et au Mensah, point de cimetières. Ils enterrent leurs morts un peu partout, sur les points élevés, dans les sites pittoresques. Sur le terrain où repose le corps, ils construisent un petit mur circulaire de deux pieds, en pierres sèches, et en comblent le vide avec des cailloux blancs que les mains pieuses s'empressent d'amasser pour ce suprême devoir. A la place de ces cailloux blancs, quelques-uns sont recouverts, au contraire, de cailloux noirs. C'est que le défunt a péri là d'une mort violente, et que son sang crie vengeance.

Comme autrefois en Corse, les vendettas sévissent là-bas avec une implacable rigueur, et, de génération en génération, les haines séculaires y transmettent leur cortége immuable de meurtres et de dévastations. La mort de tout homme tué par un autre doit être vengée, quelles que soient, dirions-nous ici, les circonstances atténuantes, et ce lugubre soin, accepté comme un legs, incombe au plus proche parent de la victime. Le fait suivant peut montrer jusqu'où va la rigoureuse observance de cette sinistre coutume.

Deux amis poursuivaient un jour une troupe de sangliers, et l'un, dans l'ardeur de la chasse, lança son javelot si malheureusement, que l'arme, sans atteindre le gibier, alla percer le second, de quelques pas trop en avant. Vainement, avant de mourir, le blessé eut-il le temps de préciser les détails de la catastrophe et d'insister sur sa propre maladresse, pour excuser celle de son compagnon; lorsque la cérémonie funèbre fut accomplie, la famille songea à tirer vengeance de son trépas, et se mit en campagne contre le meurtrier. Celui-ci, soutenu par les siens, se défendit; et d'un accident aussi involontaire surgit, entre les deux camps, une lutte sans merci qui entraîna la mort de onze personnes.

D'autres fois, dans des cas analogues, un accord réciproque intervient; et le coupable, après un jugement rendu par des arbitres choisis d'un commun consentement, se rachète en payant à la partie lésée ou aux héritiers une somme qu'on appelle le « prix du sang ».

J'ai retrouvé, plus tard, le même usage chez les tribus de la Mésopotamie [1].

C'était Abba-Emnatou qui venait de me conter ce trait de mœurs. Son récit terminé, nous nous séparâmes. J'étais loin de me douter, à ce moment, que quelques années après il allait mourir, assassiné à son tour par une main inconnue, dans les rues de Massaouah.

L'itinéraire de notre première étape nous conduisit près de l'endroit même, théâtre de l'événement dramatique dont il s'était fait le narrateur. Nous allions vers le Mensah; et comme ce plateau se trouve plus élevé que Keren, dès le début, après avoir traversé l'Ansaba, nous commençâmes à monter, en appuyant vers le nord-est. Deux journées, au plus,

---

[1] *Les Vrais Arabes et leur pays,* par D. DE RIVOYRE; librairie Plon, Nourrit et Cie.

devaient nous suffire pour l'atteindre, et le soir de notre départ, tout refroidis déjà par l'atmosphère des régions supérieures, nous campâmes sur un tertre suspendu au-dessus du torrent et appelé « Mahabar », c'est-à-dire « lieu de réunion ».

CHAPITRE VIII

Le cellacellé. — Les deux amis.

Rien de remarquable à ce gîte aérien, si ce n'est la
présence abondante d'un arbre que les indigènes désignent sous le nom de *cellacellé,* et qui fixa mon attention. De la grosseur d'un chêne de moyennes proportions, il laissait voir, entremêlées aux feuilles vert
sombre de ses rameaux, de larges fleurs d'un pourpre
splendide et de la forme d'une cloche renversée.
En même temps, s'y balançaient d'énormes fruits, du
plus curieux aspect, dont rien, parmi les productions
de nos pays, ne saurait mieux donner l'idée, pour la
couleur et la structure, que l'aubergine. Violacé et
allongé comme elle, mais de dimensions deux ou
trois fois plus considérables, ce fruit est formé d'une
substance ligneuse, solide et lourde, impénétrable
à la dent, et complétement impropre à l'alimentation.
Fouillé par un couteau pourvu d'une lame bien trem-
pée, comme je fis de l'un d'eux, il peut servir de vase,
de récipient, et devient vite, à l'air, aussi dur que le
bois même de l'arbre dont il sort.

11.

Involontairement, en présence de ce produit végétal des tropiques, je songeais au dormeur de la fable de La Fontaine, qui, à son réveil, blessé par la chute d'un gland sur le visage, admire la sagesse de la Providence, et la remercie de n'avoir pas placé les citrouilles en haut des chênes. Là-bas, sous un cellacellé, son action de grâces eût couru le risque de n'être pas, je pense, aussi sincère... Tant il est vrai que tout, en ce monde, est relatif, et que même la morale des fables ne saurait avoir rien d'absolu.

Étaient-ce des réflexions aussi philosophiques qui absorbaient, dans le même moment, l'ami Gœrguis? Je l'apercevais, le nez en l'air, contemplant également, sans mot dire, la cime du cellacellé.

— Que découvres-tu donc là-haut? ne pus-je m'empêcher de lui demander.

— C'est un conte de mon pays, que me rappelle ce feuillage.

— Un conte! Je ne suis pas fatigué, et la flamme du foyer nous éclairera longtemps encore. Narre-le-moi, tandis que les autres dorment.

Et, assis sur la racine noueuse d'un arbre apporté là pour alimenter le feu, je m'apprêtai à écouter. La figure de Gœrguis revêtit l'air sibyllin qui lui était propre dès qu'on faisait appel à son savoir ou à ses souvenirs; et il commença, à mi-voix, en ces termes:

LES DEUX AMIS.

Dans une province de l'Éthiopie qu'on ne nomme
pas, et à une époque qu'on ne connaît pas, vivaient
deux amis, Hagos (le contentement) et Desta (la joie).
Tous deux étaient nobles, tous deux étaient riches;
mais ils n'entendaient pas l'existence de la même
façon, et, malgré l'étroite affection qui les unissait, ils
suivaient, dans leur manière d'être, deux routes bien
opposées. Le premier, Hagos, caractère calculateur et
positif, tout entier aux jouissances égoïstes de la fortune, ne leur demandait que ce qu'il en pouvait exiger
pour son propre bien-être, sans souci de ses proches
moins favorisés que lui. Le second, Desta, cœur ouvert
et imprévoyant, heureux de vivre pour savourer la vie,
voulait que le bonheur rayonnât toujours autour de sa
maison. L'un entassait sous son toit les récoltes de sa
moisson, comptait dans ses enclos les brebis et les
vaches de ses troupeaux, et ne permettait jamais qu'un
œil étranger vînt y jeter un furtif regard. Le second
ne coupait ses dourahs et ses blés que pour en distribuer le superflu aux malheureux et aux affligés, n'en-
graissait ses bestiaux que pour prélever les plus beaux
au profit de ses pauvres voisins.

Or il advint, une année, au moment où les tiges
mûrissantes se courbaient sous le poids des épis, et où

l'herbe touffue des montagnes offrait une savoureuse subsistance aux jeunes génisses, que tout à coup, au milieu du jour, le soleil s'obscurcit, et que, dans le lointain, une nuée apparut, grossissant et approchant rapidement. Cette nuée n'était autre chose qu'un vol innombrable de sauterelles qui s'abattirent sur le pays d'Hagos et de Desta. C'était, avec elles, la ruine et la dévastation. Et aussitôt, de partout, d'énormes fosses furent creusées dans la terre pour les y ensevelir; de gigantesques bûchers furent allumés pour les consumer. Mais à peine les unes disparaissaient-elles, englouties sous le sable ou anéanties par la flamme, que d'autres arrivaient de plus en plus nombreuses, et à mesure qu'on les enterrait et qu'on les brûlait, il en arrivait, il en arrivait toujours!... Et, à la fin, il en vint tant, que les trous furent comblés, que les brasiers furent éteints, sous le flot de cette marée montante. Et une odeur épouvantable se répandit dans toute la contrée, engendrée par les cadavres en putréfaction de ces millions d'insectes; et toutes les moissons furent dévorées, les arbres dépouillés de leur feuillage et de leur écorce, l'herbe fauchée jusque dans sa racine; et de cette terre, verdoyante et fleurie deux jours auparavant, il ne resta plus que comme un immense squelette jauni et pourrissant. L'intérieur même des maisons ne fut pas à l'abri, car les immondes bêtes y pénétrèrent, et rien n'échappa à leurs recherches implacables...

Les greniers remplis d'Hagos, les réserves entamées de Desta, tout cela subit le même sort, tout devint la proie des sauterelles, et les habitants éplorés se virent, sans pouvoir lui échapper, aux prises avec la plus horrible des morts, celle qu'apporte la famine.

Plusieurs d'entre eux résolurent de fuir et d'aller, s'il en était temps encore, demander à des pays plus heureux, au prix de leur liberté même, une hospitalité que leur refusait désormais le toit dévasté de leurs pères, et un peu de ce pain qu'ils ne pouvaient plus espérer chez eux. Hagos et Desta furent du nombre, et, doublement rapprochés par leur ancienne amitié et leur infortune commune, ils partirent ensemble. Au milieu des débris et de la poussière, ils étaient parvenus à ramasser chacun un peu de grain, de quoi faire bien juste cinq bourkoutas ; et, chargés de ce mince bagage recueilli dans une besace (une lokota), ils se mirent en route, allant tout droit devant eux, se fiant à la Providence du soin de leur servir de guide.

Le soir du premier jour, à la halte, ils allumèrent du feu, et après avoir, chacun séparément, écrasé entre deux pierres des grains de dourah, ils en pétrirent la farine avec quelques gouttes de l'eau sur le bord de laquelle ils s'étaient arrêtés. Puis, choisissant des cailloux à peu près ronds, ils les enveloppèrent de la pâte et les placèrent soigneusement au milieu des cendres brûlantes ; et, quelques instants après, quand ils jugèrent leur pain suffisamment cuit, ils le retirèrent et se mirent à manger mélancoliquement.

Desta, habitué à ne jamais compter avec les besoins des autres non plus qu'avec ses propres désirs, l'appétit excité par la longue course qu'il avait dû fournir, mangea son bourkouta tout entier, après quoi il se désaltéra à longs traits au liquide pur et rafraîchissant de la source. Hagos, au contraire, rompu depuis long-temps aux exigences de l'économie et même de l'avarice, sut commander à sa faim, et, effrayé déjà de la brèche imposée à sa maigre provision, ne mangea qu'une moitié de son pain. Enveloppant l'autre soi-gneusement, il la glissa, pour le lendemain, dans le fond de son sac. Ensuite ils s'endormirent.

Au lever du soleil ils reprirent leur marche, et, comme rien ne leur donnait à prévoir quand ils tou-cheraient au terme ignoré de leur voyage, les deux amis, d'un seul accord, décidèrent qu'ils ne se repo-seraient qu'une fois par journée, et ne feraient qu'un repas, afin d'arriver plus vite, et de ménager davan-tage, en même temps, leurs insuffisantes ressources. Et en effet, ils allèrent ainsi jusqu'à la nuit. Alors, l'insouciant Desta, comme la veille, se mit à écraser son grain, à pétrir sa pâte, et à manger un bourkouta entier, tandis que le prévoyant Hagos tirait de sa lokota la moitié de pain qu'il y avait serrée, et la dégustait lentement. Et il en fut de même pendant cinq jours.

Le vol des sauterelles s'était étendu au loin, et avait tout ravagé. Ils ne traversaient plus qu'un désert sans limites. Au bout du sixième jour, comme d'habitude, ils s'arrêtèrent. Desta n'avait plus rien, Hagos était encore en possession de la moitié de ses vivres. Le premier, se roulant dans son quârri, se coucha avec résignation sur l'herbe, et regarda, sans mot dire, manger Hagos, qui ne lui fit aucune offre. Puis il ferma les yeux et se reporta en pensée à l'époque, si rapprochée de lui, où tant de convives, connus ou inconnus, venaient chaque jour s'asseoir à son foyer et prendre leur part d'un repas qu'on ne leur refusait jamais; où les bénédictions des pauvres et la reconnaissance des orphelins s'élevaient en murmures tout autour de son toit; où ses richesses ne provoquaient pas l'envie, parce qu'elles étaient celles de tous; où son bras n'avait qu'à s'étendre pour trouver à portée de quoi sécher les larmes des uns et apaiser la douleur des autres. Et, malgré lui, l'infortuné Desta laissa échapper un long soupir et se retourna pour ne pas voir plus longtemps manger l'égoïste Hagos, ni respirer l'odeur impitoyable de ce morceau de pain qu'il ne voulait pas demander. Enfin, ses paupières appesanties se fermèrent, et un sommeil réparateur lui fit oublier quelques heures les angoisses de la faim.

A l'aube, le lendemain, nos deux voyageurs se remirent en route, comme les jours précédents. Desta se flattait qu'enfin la solitude cesserait autour d'eux, et

qu'ils arriveraient promptement à quelque pays habité
où il trouverait du secours. Cette espérance soutenait
son courage et lui donnait la force de dompter le vertige
dont il commençait à se sentir envahi. Vaine illusion!
La nuit arrivait, et devant lui toujours le désert, rien
que le désert!... A l'endroit de la halte, il ne se coucha pas, il tomba exténué, mourant! Son regard jetait
des éclairs de sauvage convoitise sur le pain qu'Hagos
se disposait à entamer :

— Au nom de notre amitié, Hagos, s'écria-t-il enfin,
donne-moi un morceau de ce pain. Je n'en puis plus,
et je sens que la vie est près de me quitter!

— Te donner de ce pain! répliqua Hagos. Mais pour
sauver ta vie, c'est la mienne que tu demandes... Je
suis moins vigoureux que toi, et sans mon heureuse
prévoyance, certainement je serais déjà mort. Toi, tu
n'as pensé qu'à satisfaire tes voraces instincts, et, au
lieu de te prémunir contre les vicissitudes de la fortune, te voilà dénué de tout, grâce à ta gloutonnerie,
à ton esprit insensé de désordre et de prodigalité. Je
ne veux pas, du moins, partager la misérable destinée
que tu t'es préparée, et je ne puis rien retrancher en ta
faveur de ce qui est à peine suffisant pour moi-même.

— Par pitié, Hagos, ne me laisse pas expirer sous
tes yeux. Quelques miettes de ce pain que tu manges
me soutiendraient jusqu'à demain, et demain peut-être
c'est le salut!

— Te donner de ce pain! encore une fois, non! Je

n'y saurais consentir... Cependant, reprit-il, en parais-
sant réfléchir, tu fus mon ami, tu l'es encore, et je me
sens au cœur un reste de compassion. Je ne veux pas
demeurer tout à fait insensible, et je consens à t'en
céder un morceau ; seulement, je ne te le donnerai pas,
je te le vendrai !

— Me le vendre ! Eh ! grand Dieu ! avec quoi te le
payerai-je ? Ne vois-tu pas mon dénûment ?

— J'ai mon idée, et voici mes conditions ; il suffit
que tu y souscrives : en échange du pain que tu im-
plores, livre-moi un de tes yeux !

A cette proposition étrange, Desta regarda fixement
Hagos, ne sachant si, de la part de son ami, ce n'était
pas une horrible épreuve, pour connaître jusqu'à quel
point allaient les affreuses tortures dont étaient déchi-
rées ses entrailles, ou si ses intentions étaient sérieuses,
et s'il se disposait à les mettre en pratique.

Mais Hagos n'ajoutait rien, et semblait attendre une
réponse.

— Eh bien ! soit ! dit Desta, mieux vaut sacrifier un
œil que son existence même.

Et alors, Hagos s'approchant de son ami, d'une main
lui écarta les paupières de l'œil gauche, tandis que de
l'autre il l'arrachait violemment de l'orbite. Cela fait,
il lui tendit la seconde moitié du pain qu'il était en
train de manger.

Insensible à toute autre chose qu'à l'apaisement de sa
faim, Desta, malgré la douleur, ne poussa pas un cri,

pas une plainte, et se précipita sur le bourkouta.

— Au moins, se disait-il, quel que soit le prix dont je l'ai payé, j'ai acheté le droit de vivre, et il m'en reste encore assez pour jouir de la lumière et admirer les splendeurs du ciel... Demain, avec l'aide de Dieu, nous toucherons peut-être au terme de nos misères.

Mais le lendemain ils avaient beau marcher, marcher toujours, la solitude continuait à les envelopper de son immense silence... Pas un brin d'herbe sur la terre... Pas une feuille aux branches... A la halte du soir, Desta se trouvait tout aussi épuisé, tout aussi affamé que la veille.

— Hagos, un second morceau de pain, je t'en conjure, ou je meurs, dit-il...

— Le voici, répondit celui-là, mais je te le vends aux mêmes conditions qu'hier. Je t'ai enlevé l'œil gauche, il me faut à présent l'œil droit.

Desta eut un mouvement d'épouvante, et balança quelques instants.

— Enfin, soit, reprit-il encore, mieux vaut devenir aveugle que mourir.

Et, comme la veille, Hagos arracha de l'orbite l'œil droit de son ami. Et, cela fait, il lui donna du pain.

Desta, privé de la vue et plongé dans d'irrévocables ténèbres, se flattait que son compagnon consentirait à diriger ses pas et à lui prêter le secours et l'appui de son bras. Mais Hagos, qui n'avait agi de la sorte que pour arriver plus sûrement à se défaire de lui,

quelques heures de plus, les impérieuses exigences de
la chair, à quelques pas, le destin lui gardait un sourire, et lui conservait les bienfaits de la lumière dont,
par une hâte coupable, il se trouvait à jamais privé.

Jusque-là, dominé et soutenu par l'ardeur de la
fièvre, il n'avait pris garde ni aux fatigues de sa route
obscure au travers des halliers et des épines, ni à la
chaleur dévorante des rayons que dardait sur sa tête
un soleil, hélas! invisible pour lui. Mais tout à coup,
une fois la première explosion de désespoir calmée,
il sentit qu'il avait faim et qu'il avait soif. Et, en
s'appuyant, pour se lever, contre le tronc de l'arbre au
pied duquel il était étendu, il reconnut, au contact de
son écorce lisse et à ses dimensions énormes, que
c'était un dima[1]. Aussitôt, se courbant vers le sol, et
promenant lentement ses mains tremblantes tout autour
de lui sur l'herbe, il chercha s'il n'en découvrirait pas
quelques-uns des fruits. Par bonheur ses doigts en
rencontrèrent un, et il se mit à le tâter avec précaution.
C'était bien là une amande de dima; c'en était bien
l'enveloppe rugueuse, la forme oblongue, la coquille
résistante. Et pendant qu'il la tenait serrée soigneusement d'une main, de l'autre il recommençait ses
recherches pour arracher une pierre qui lui permît de
l'écraser. Et, quand il y fut parvenu, de leurs alvéoles
pressées, il retira un à un les grains juteux du fruit

[1] Le baobab.

quelques heures de plus, les impérieuses exigences de
la chair, à quelques pas, le destin lui gardait un sourire, et lui conservait les bienfaits de la lumière dont,
par une hàte coupable, il se trouvait à jamais privé.

Jusque-là, dominé et soutenu par l'ardeur de la
fièvre, il n'avait pris garde ni aux fatigues de sa route
obscure au travers des halliers et des épines, ni à la
chaleur dévorante des rayons que dardait sur sa tête
un soleil, hélas! invisible pour lui. Mais tout à coup,
une fois la première explosion de désespoir calmée,
il sentit qu'il avait faim et qu'il avait soif. Et, en
s'appuyant, pour se lever, contre le tronc de l'arbre au
pied duquel il était étendu, il reconnut, au contact de
son écorce lisse et à ses dimensions énormes, que
c'était un dima [1]. Aussitôt, se courbant vers le sol, et
promenant lentement ses mains tremblantes tout autour
de lui sur l'herbe, il chercha s'il n'en découvrirait pas
quelques-uns des fruits. Par bonheur ses doigts en
rencontrèrent un, et il se mit à le tàter avec précaution.
C'était bien là une amande de dima; c'en était bien
l'enveloppe rugueuse, la forme oblongue, la coquille
résistante. Et pendant qu'il la tenait serrée soigneusement d'une main, de l'autre il recommençait ses
recherches pour arracher une pierre qui lui permît de
l'écraser. Et, quand il y fut parvenu, de leurs alvéoles
pressées, il retira un à un les grains juteux du fruit

[1] Le baobab.

dont la liqueur acidulée le désaltéra; puis il mangea la pulpe farineuse qui les contenait, et il se trouva rassasié.

Comme il achevait son repas, un rugissement lointain se fit entendre. C'était le lion qui annonçait aux alentours qu'avec le crépuscule il allait se mettre en quête de sa proie. Prêtant l'oreille, Desta, à ces mille bruits insensibles du soir que dégage le silence, comprit que la nuit descendait et, effrayé, se demanda comment il allait faire pour échapper aux bêtes sauvages. Il eut l'idée de grimper sur le dima; mais ses bras ne parvenaient pas à en embrasser le tronc monstrueux; les premières branches étaient trop hautes, il le savait, et la surface trop glissante. Après quelques efforts infructueux, il y renonça et se mit à marcher à l'aventure, les bras tendus en avant, espérant se heurter à un autre arbre plus accessible et dont le sommet lui offrirait un asile pour la nuit. En effet, bientôt il trébucha contre une racine, et, s'arrêtant, il examina, autant qu'il le pouvait, de quelle nature était l'obstacle; et, s'apercevant à sa grande joie que ce n'était plus un dima, mais un cellacellé, moins énorme et moins difficile à saisir, il s'y cramponna et, peu à peu, parvint à se hisser au haut du tronc, entre les premières branches.

A peine était-il installé, qu'il entendit le lion approcher. Durant quelques instants, l'animal se battant les flancs de sa queue erra çà et là, non loin de la retraite où se tenait blotti l'infortuné Desta. Il allait et venait,

respirant bruyamment comme si quelque vague odeur
appétissante sollicitait sa gourmandise, grondant sourdement par intervalles, ou grattant la terre de ses
griffes. Puis soudain il s'arrêta, s'assit tranquillement
au pied de l'arbre à la manière des jeunes chats, et,
tout en se pourléchant les lèvres, il s'allongea avec un
gros soupir dans une espèce d'abri naturel sous deux
fortes racines entre-croisées.

Sans la voir, Desta, néanmoins, devinait toute l'horreur de sa position. A ses pieds il entendait le souffle du
lion, dont l'haleine régulière semblait annoncer le
repos. Tout à coup au-dessus de sa tête un frisson
bruyant courut dans les feuilles de l'arbre, et comme
la caresse d'un gigantesque éventail effleura son front.
Puis une grosse branche craqua, de plus petites
cédèrent, et l'on eût dit les serres de quelque puissant
oiseau qui s'incrustaient dans le bois. C'était, en effet,
un aigle qui poussa un cri rauque et, du haut de son
aire improvisée, regardant en bas, aperçut le lion som-
meillant, et lui cria :

— Eh quoi ! compère lion, déjà endormi ! Quelle
tournée accablante venez-vous donc d'accomplir, et
comment allez-vous ?

— Ah ! compère aigle, répondit celui-ci, ça ne va
pas du tout. Je suis harassé, vous pouvez le remarquer,
car j'ai couru toute la journée, mais en vain, et je n'ai
rien rencontré, ni voyageur, ni troupeau, ni berger.
Aussi je meurs de faim...

— Pauvre compère, répliqua l'aigle, que je vous plains ! Moi, je suis, au contraire, des plus satisfaits, et je me suis repu aujourd'hui mieux que je ne l'avais pu faire depuis longtemps. Dans la ville voisine, voilà deux jours, qu'on tue des milliers de taureaux et de génisses... J'y suis allé, et j'y ai trouvé une telle abondance de viandes, si belles, si appétissantes, avec de petits filets d'un sang rose et parfumé, suintant tout autour goutte à goutte, que je me suis senti pris d'un immense regret à la vue de tant de biens gaspillés sans pouvoir en profiter davantage.

— Eh, grand Dieu ! interrompit le lion, à quel sujet une telle profusion ? Pourquoi tant de bêtes immolées ? Y est-il donc mort quelque grand personnage ?

— Non, reprit l'aigle, non. Il n'est mort personne, mais le fils du roi a perdu subitement la vue, sans qu'on puisse attribuer une cause naturelle à ce malheur. Et alors le roi a convoqué à sa cour tous les savants de l'Éthiopie pour consulter leur science et faire appel à leurs lumières. Mais nul n'est parvenu à le guérir, et aujourd'hui qu'il faut renoncer à tout secours humain, on s'adresse à l'intervention divine, et l'on fait d'innombrables sacrifices pour fléchir sa miséricorde. Il est bien extraordinaire qu'il ne se soit trouvé personne capable d'arriver à sauver les yeux du jeune prince, car la récompense offerte est assez magnifique pour stimuler les plus habiles et tenter les plus dédaigneux.

— Et quelle est cette récompense?

— Le roi s'engage à partager son trône et ses immenses richesses avec celui qui rendrait la lumière à ce fils bien-aimé.

— En vérité, quelle stupide et ignorante créature que le fils de l'homme! Chercher si loin un remède si près, et se donner tant de tourments pour un mal si facile à guérir!

— Si facile à guérir, dites-vous, compère lion?

— Sans doute, compère aigle. Ne savez-vous donc pas, vous non plus, que le suc des feuilles de cet arbre dont les racines me servent précisément en cet instant d'abri, et au sommet duquel vous êtes perché, pressé pas une main adroite et soigneusement exprimé dans les yeux de l'aveugle le plus incurable, lui ferait recouvrer la vue sur-le-champ?

— Eh bien! comme vous le dites, c'est une sotte engeance que ces fils de l'homme, et puisqu'ils n'ont pas encore su pénétrer un secret aussi précieux et si bien à leur portée, ce n'est pas moi qui irai le leur révéler.

— Ni certes moi! Cependant ils ont parfois une sagesse assez pratique, et à laquelle nous aussi sommes de temps en temps obligés de nous plier : « Qui dort dîne », disent-ils... Je vais en essayer. Bonsoir, compère aigle !

— Dormez en paix, compère lion !

Là-dessus, celui-ci, s'étirant de ses quatre membres,

laissa passer entre ses mâchoires un formidable bâille-
ment; puis, allongeant son museau entre ses deux pattes
de devant, il ferma les yeux et s'endormit. L'aigle, de
son côté, solidement campé sur un des plus gros
rameaux, replia la tête sous son aile, et ne tarda pas à
imiter son compagnon. Quant à l'homme, il n'avait
pas perdu un seul mot de la conversation des deux
animaux, et mille pensées, mille espérances indécises
d'abord, ensuite de plus en plus nettes, agitèrent
tumultueusement son esprit et le tinrent en éveil.

Avant même que l'aurore eût éclairé le ciel, le lion,
tourmenté par les tiraillements de son estomac, avait
repris le cours de ses pérégrinations. L'aigle le suivit
bientôt et s'envola.

Aussitôt Desta, sans changer de place, arrachant
vivement les feuilles qui se trouvaient sous sa main,
suivit à la lettre les prescriptions du lion, et se frotta
les yeux de leur suc. Et, tout à coup, il poussa un
grand cri de joie, car il voyait... Les cieux, la terre,
les arbres, les rochers, les ruisseaux, tout cela, dont il
avait cru perdre le spectacle à jamais, lui était enfin
rendu... Tout cela était de nouveau à lui.

Alors il cueillit une grande quantité de ces feuilles
bienfaisantes, et, après en avoir rempli sa lokota, descendit de l'arbre. Il ne savait, il est vrai, où se trouvait
la ville voisine; mais ce souci ne l'arrêta pas, et, en
effet, à peine eut-il erré quelque temps, qu'il rencontra la route qui y menait.

Ainsi que l'avait bien rapporté l'aigle, la cité était en deuil et en larmes, et la multitude, réunie autour des autels dont les assises ployaient sous le poids des victimes, élevait les mains vers la voûte céleste avec une contenance morne et une physionomie découragée.

Sans perdre de temps à contempler cette désolation unanime, Desta se hâta de s'informer où était le palais du roi; et, dès qu'il y fut arrivé, il aperçut les soldats qui le gardaient dans une attitude aussi accablée que la foule. Pas un murmure, pas un éclat de voix ; point de ces chansons guerrières, point de cette gaieté de courtisans, qui hantent d'ordinaire et les camps et les cours. Tout n'était que silence, que tristesse.

S'adressant alors à un chef de la porte principale, il s'enquit du terrible motif qui semblait avoir jeté un lugubre voile sur le pays entier. L'officier lui répéta, en peu de mots, tout ce que l'aigle avait déjà raconté au lion.

— Eh bien! s'écria Desta, allez dire à votre maître que je lui apporte la guérison de son fils.

Le chef, incrédule, regarda l'inconnu avec défiance.

— Allez, répéta celui-ci, et vous n'aurez pas à regretter d'avoir été le premier messager d'une heureuse nouvelle.

Décidé alors par ces quelques paroles et cet accent plein de fermeté, l'officier s'élança tout joyeux vers le palais; et, peu d'instants après, un serviteur de confiance venait en toute hâte chercher Desta, qui fut aussitôt introduit près du roi.

— Majesté, lui dit-il, hier j'étais riche, j'étais honoré! Aujourd'hui je suis pauvre, je suis dédaigné... Mais l'étude de la nature m'a révélé de merveilleux secrets. Le bruit de la calamité qui s'est appesantie sur ta famille est venu jusqu'à moi, et j'accours t'apporter l'aide toute-puissante de mon savoir pour rendre sur-le-champ la vue à l'héritier de ta race.

— Sois le bienvenu, ô étranger! et si tes actes sont d'accord avec tes engagements, qui que tu sois, riche ou pauvre, illustre ou obscur, tu peux compter sur la plus magnifique récompense qui, de mémoire humaine, ait servi de salaire à un fils de l'homme... Tu vois mon trône : je le partage avec toi; mes richesses sont connues : je t'en donne la moitié...

Et, sur un signe du roi, deux des seigneurs dont il était entouré, et qu'à leur riche costume on devinait pour les premiers de l'État, s'avancèrent et s'inclinèrent devant leur maître...

— Voici, d'après nos vieilles coutumes, les garants de ma parole royale, poursuivit celui-ci; ces deux seigneurs sont à toi, ils sont tes esclaves, ton bien, ta chose, jusqu'à ce que je les aie dégagés par l'accomplissement de ma promesse. Et maintenant, étranger, tu t'es vanté de guérir immédiatement mon fils... A ton tour, mets-toi en mesure de fournir la preuve de ce que tu prétends. Nous attendons!

Desta, sans répondre, ouvrit sa besace, et en retirant
quelques poignées des feuilles qu'il y avait renfermées,
les écrasa et en exprima le jus dans le creux de sa
main. Ensuite, il demanda qu'on amenât le jeune
prince; et celui-ci entra appuyé sur le bras de deux serviteurs. Tous les spectateurs, muets d'étonnement et
de curiosité, suivaient avec avidité le moindre mouvement de l'inconnu. Desta s'approcha du jeune homme
et, lui renversant la tête en arrière, le considéra
quelques instants; puis soudain il lui frotta vivement
les yeux de la liqueur étrange qu'il tenait en réserve...
Et, tout à coup, le jeune prince poussa un grand cri
de joie, car il voyait!...

Aussitôt, le père et le fils s'élancèrent dans les bras
l'un de l'autre, et toute la cour fit retentir le palais de
son allégresse. Mais le roi, n'oubliant pas celui auquel
il devait un si grand bonheur, se retourna et, le prenant par la main, lui fit gravir les marches de son trône,
et, l'asseyant sur le même siége à ses côtés :

— Princes et seigneurs, dit-il à voix haute, reconnaissez ici votre second maître, et courbez la tête
devant lui. — Désormais je partage avec cet homme
ma souveraine puissance et toutes mes richesses. Mon
fils, soyez le premier à rendre hommage à votre bienfaiteur.

Et le jeune prince, miraculeusement guéri, vint
avec empressement s'agenouiller devant l'homme qui
lui avait rendu la lumière, et, lui prenant la main, la

posa, après l'avoir baisée, sur sa propre tête en signe
de reconnaissance et de soumission. Tous les assistants
suivirent cet exemple. Et, peu de jours après, quand
le roi eut découvert qu'il avait recueilli un homme de
lignée noble et de généreux sentiments, qu'il eut
entendu de sa bouche le récit de son ancienne opulence et de ses récentes misères, il se prit à l'aimer
encore davantage, et lui accorda la main de sa fille
aînée.

Dès lors, Desta, dédommagé de tout ce qu'il avait
souffert, riche, heureux et puissant, se fixa à la cour
de son beau-père et y vécut en prince aussi équitable
que magnifique.

Il y avait déjà quelque temps qu'il jouissait des
charmes de sa nouvelle existence, lorsqu'un jour, ren-
trant de la chasse, escorté par une troupe brillante de
jeunes seigneurs, il vit tout à coup, dans une des rues
de la ville, se précipiter sous les pieds de son cheval
un malheureux aux vêtements sordides, au visage hâve
et décharné, avec une longue barbe et des cheveux en
désordre, qui tendait la main et invoquait la charité du
prince. Le son de cette voix suppliante frappa Desta.
Il tressaillit, considéra plus attentivement le mendiant,
et, sous un extérieur aussi misérable, il reconnut
Hagos, l'odieux Hagos, qui, naguère, l'avait si cruellement traité.

Il dit quelques mots à voix basse à l'un de ses
écuyers et poursuivit sa route, tandis que Hagos était

doucement écarté. Puis, à peine arrivé au palais, il donna un ordre, et Hagos parut, guidé par l'officier. Sur un signe du prince, ce dernier se retira. Hagos, tremblant, la tête baissée, le corps affaissé, se tenait dans une position humble et confuse.

— Ne me reconnais-tu pas, Hagos? lui dit alors brusquement Desta...

— Comment reconnaîtrais-je, seigneur, un prince aussi puissant que vous? répondit le malheureux. Je n'ai jamais fréquenté les rois, et j'ai perdu l'habitude de parler aux grands. Je ne suis plus qu'un pauvre exilé, ruiné, maudit, fuyant une patrie désolée, et cherchant depuis longtemps une pierre où reposer sa tête... Encore une fois, quelle folie à tenter de vous reconnaître!...

— Essaye, cependant!

Et comme Hagos se taisait :

— Hagos, ajouta Desta, regarde-moi bien : je suis ton ancien ami Desta, celui que jadis tu mutilas d'abord, pour l'abandonner ensuite...

Épouvanté de cette révélation, l'infortuné se jeta aux pieds du prince et se prosterna en frappant le sol de son front.

— Relève-toi et rassure-toi, reprit Desta. Si je n'ai pas oublié, j'ai du moins pardonné. Tu le vois, je suis aujourd'hui riche, puissant, heureux... et les heureux ont le cœur ouvert à la clémence. Tu as obéi au vertige dont les angoisses de la misère et de la faim trou-

blaient ton cerveau... L'esprit infernal te souffla alors
de mauvais conseils auxquels tu n'aurais jamais auparavant prêté l'oreille, et que, j'en suis sûr, après, tu
regrettas amèrement d'avoir suivis. Qu'il ne soit donc
plus question du passé... Voici ma main comme gage
de réconciliation. Je ne me souviens que de notre première amitié. Si tu le veux, reste ici, ma maison sera
la tienne, et ton existence errante pourra s'écouler
désormais calme et paisible, sans remords du passé,
sans souci de l'avenir, à l'ombre de mon toit...

A ces mots, il frappa trois fois dans ses mains, et
deux serviteurs parurent.

—Vous voyez cet homme, leur dit-il; c'est mon ami,
mon frère, et j'entends qu'il soit ici, dès à présent,
traité et respecté comme moi-même. Préparez de
riches vêtements dont vous l'habillerez; apprêtez un
copieux repas que vous lui servirez...

Hagos, éperdu de surprise, ne trouvait aucune
parole à répondre et se laissa docilement emmener, se
demandant s'il rêvait ou si cette générosité apparente
ne cachait pas un piége... Quelques instants après,
revenu de sa stupéfaction, il voyait les ordres de Desta
ponctuellement exécutés, et se prenait enfin à croire
à la réalité de ce que, jusqu'alors, il n'avait, pour
ainsi dire, envisagé qu'au travers des sensations trou-
blées d'un songe.

Durant quelque temps les choses allèrent ainsi,
Hagos vivant dans la maison de son ami, respecté de

tous à l'égal du maître même, Desta l'entourant des soins prévoyants de son indulgente sollicitude. Las et épuisé de ses dernières luttes avec le sort, le premier s'abandonnait aux paisibles jouissances d'un bien-être imprévu, sans s'inquiéter de son indignité passée ; et le second, heureux d'avoir retrouvé le compagnon de sa jeunesse, pour toute vengeance ouvrait son âme à la joie de le combler de bienfaits.

Cependant l'égoïste et pervers Hagos, à mesure que les soucis matériels du moment s'envolaient, sentait germer en lui de cupides pensées ; et, peu à peu, fermentèrent au fond de son cœur les plus coupables instincts de l'envie et de l'ingratitude.

— Pourquoi, se disait-il, pourquoi cette prospérité est-elle échue à Desta plutôt qu'à moi ? Pourquoi à lui ces richesses, cette puissance ? En quoi les a-t-il méritées ? Tandis que moi, me voilà pauvre, obscur, réduit à accepter de sa main une aumône humiliante !...

Et à diverses reprises, se trouvant seul avec Desta, il fut sur le point d'ouvrir la bouche pour lui demander l'histoire de son incroyable fortune. Mais je ne sais quelle sorte de honte le retenait. Pourtant ses façons d'agir, si expansives, si reconnaissantes au début, alors qu'il était encore sous la rude impression des épreuves subies, devenaient plus contraintes, plus froides. Son regard, malgré lui, jetait des étincelles de jalousie, de fiel ; et, des heures entières, accroupi en un coin de la cour du palais, il demeurait là, dans un silence haineux, à contempler le spectacle odieux de cette opulence, à rêver aux moyens de l'acquérir à son tour.

Ce changement n'échappait pas à l'œil vigilant de Desta. Avec tristesse il se répétait tout bas qu'il est, hélas! de ces natures rebelles dont on ne saurait attendre, en échange du bien, qu'une haine implacable, et qu'après tant d'efforts impuissants dans le but de les rendre meilleures, peut-être serait-il plus juste de se détourner enfin d'elles pour éviter l'atteinte des maux inévitables qu'engendre leur contact.

Or, le lendemain d'une nuit pendant laquelle il avait donné aux seigneurs de la cour une fête somptueuse, sans obtenir d'Hagos qu'il y prît part, il vit, au matin, celui-ci venir s'asseoir au pied de son lit, et le considérer quelques instants sans mot dire. Ses prunelles étaient chargées de flammes plus fauves encore que d'habitude; un sourire amer contractait ses lèvres... Desta, gêné de ce maintien, lui adressa le premier la parole :

— Hagos, dit-il d'un ton d'affectueux regret, tu as refusé de prendre part aux festins de cette nuit. C'est mal. J'espérais t'y voir à mes côtés, et ton absence a assombri ma joie.

— En vérité, comment croire que la présence d'un misérable tel que moi puisse ajouter quelque chose à ta félicité !

— Il est plus mal encore de mettre ainsi en doute mon amitié, Hagos.

— Pardonne, ô Desta, tu fus bon pour moi, je ne l'oublie point. Mais tu ne saurais te figurer, toi si riche, si heureux aujourd'hui, ce qu'il y a de poignant dans les tortures endurées par l'homme qui, favorisé jadis de tous les dons de la fortune, en est réduit plus tard, comme je le suis, à vivre de la charité d'un autre, à être sans cesse le muet témoin d'une prospérité qui n'est pas la sienne, et dont l'éclat insultant s'étale devant lui comme une ironie sanglante, ou comme un impitoyable reproche... Non! ce qu'il y a d'horrible dans ces angoisses, tu ne le sauras jamais.

— J'en ai pourtant connu de plus horribles encore, murmura Desta...

— Oui, c'est vrai!... Un jour, je me suis cruellement conduit à ton égard, et je me rappelle aussi, non sans remords, l'affreux état où, sous le coup d'une implacable nécessité, je t'abandonnai! C'est précisément le contraste inouï de ces deux situations, celle où je te laissai naguère et celle où je te retrouve, qui, depuis mon arrivée ici, plonge mon esprit dans toutes les perplexités du doute et de l'espérance. Car je me dis qu'il a fallu certainement quelque prodige pour t'amener si haut, et je pense également que, s'il était au pouvoir des ressources humaines de l'évoquer une seconde fois, toi, si généreux pour moi, toi, mon ami, tu consentirais peut-être à m'en livrer le secret, et à me mettre à même d'atteindre, comme toi, au comble des prospérités de ce monde.

A ces mots, Desta, qui depuis longtemps prévoyait
cette question, hocha la tête d'un air de profonde
pitié et répondit :

— Tu le veux, Hagos, tu veux connaître la voie
miraculeuse par laquelle je suis parvenu à monter jusqu'à ce trône... Soit! et, si mon récit ne t'arrête point,
que nos destinées, à chacun, s'accomplissent...

Écoute :

Après ton départ, lorsque toute l'horreur de mon
isolement me fut bien démontrée, un violent accès de
désespoir me saisit d'abord, et je me précipitai contre
terre, en me tordant les bras... J'étais sur une pente
douce où je me sentis poussé naturellement; je me
laissai glisser sans résistance jusqu'à ce que mon corps
rencontrât un gros arbre; une forte racine me heurta
et me meurtrit... Ne sachant à quelle sorte d'obstacle
j'avais affaire, je me redressai de mon mieux et, tout
en avançant avec précaution, je tombai dans un grand
trou, que recouvrait à moitié, je le compris, le tronc
de l'arbre incliné vers la terre. J'étais épuisé, je ne
savais que faire, que devenir; je me blottis là pour
attendre avec résignation une fin inévitable... J'y étais
depuis quelques instants, en proie, comme tu peux
l'imaginer, aux plus affreuses réflexions, lorsque tout
à coup j'entendis un grand bruit; le sol tremblait
autour de moi, l'atmosphère me semblait embrasée;
et puis c'était comme des flots épais qui roulaient et
qui montaient, m'engloutissant peu à peu... Vaine-

ment je voulais sortir de cet antre épouvantable ; mes mains crispées ne battaient qu'un air brûlant, ou bien mes ongles se brisaient sur les pierres ; et le flot montait, montait toujours... Il me gagnait la poitrine, il me gagnait la tête, il m'étouffait, et, montant de plus en plus, il me gagna la bouche, il me gagna les narines, il me gagna les yeux. A ce moment, j'éprouvai une secousse sans nom, une commotion inconcevable, comme une sorte de déchirement, et je n'étais plus aveugle ! Je voyais, oui, je voyais ! Les flots du torrent, en arrivant jusqu'à mes yeux vides, les avaient remplis, leur avaient rendu la lumière ; et ce torrent, désormais arrêté, pétrifié, c'était de l'or !... De l'or !... Il y en avait partout... Le creux où j'étais réfugié en était plein... Et ce creux était immense... Est-il besoin d'achever ? Riche au delà de ce dont les plus fantastiques chimères aient jamais permis à un fils de l'homme de caresser le rêve, je n'avais qu'à marcher devant moi... Le hasard me conduisit ici. J'y restai ; et mes largesses magnifiques, appelant sur moi l'attention du roi, parvinrent à me gagner aussi le cœur de sa fille. J'en devins l'époux. Telle est mon histoire.

Ébloui en pensée par le spectacle idéal de ce déluge d'or, et sans s'arrêter aux détails du récit, quelque incroyables qu'ils pussent être, Hagos s'écria aussitôt :

— Et cet arbre merveilleux, l'as-tu revu ? Existe-t-il encore ?

— Je ne l'ai pas revu, répliqua Desta, mais il existe toujours, je le sais.

— Il existe, dis-tu? Il existe!... O Desta, par tous les chers souvenirs de notre enfance et de la terre qui nous vit naître, par la mémoire de nos pères dont les cendres reposent dans le même tombeau, je te le demande à genoux, cet arbre, quel est-il? Indique-le-moi, afin que je puisse, à mon tour, aller tenter la fortune.

— Prends garde, Hagos, cette fortune que tu invoques peut ne pas être la même pour tous les deux. Ne crains-tu pas, au contraire, que ton avidité n'attire sur la tête une irréparable catastrophe?

— Non, non! Desta, ne cherche pas à m'ébranler, ni à m'effrayer par la menace puérile d'un malheur ou d'un danger!... Encore une fois, mène-moi à cet arbre. Je suis prêt à tout braver.

— Eh bien! demain, à la première heure, nous sortirons de la ville et nous nous rendrons à la forêt voisine. Là, je te montrerai l'arbre et te fournirai les moyens d'affronter l'épreuve.

Le lendemain, le jour n'était pas levé qu'Hagos, déjà debout, entrait chez Desta pour l'inviter à partir. Celui-ci était prêt, et bientôt ils cheminèrent côte à côte dans la direction d'une haute montagne, visible à travers les brouillards du lointain, et au pied de laquelle s'étendait la forêt, but de leur excursion. Le soleil était haut dans le ciel lorsqu'ils en atteignirent les premiers fourrés.

— L'arbre n'est plus loin à présent, dit alors Desta, qui, jusque-là, avait gardé le silence. Mais avant que l'entreprise soit devenue irrévocable, réfléchis, Hagos! Il est encore temps. Qui peut répondre des écarts de la fortune?

— Rien ne saurait me dissuader, Desta; ma décision est prise. Tu m'as promis de me montrer l'arbre : où est-il?...

— Quelques pas, et nous allons le voir.

Derrière une petite colline, dans un repli de vallon, un gros arbre isolé apparut bientôt. Desta reconnut le sien.

— Le voilà, dit-il.

Entre les racines le trou était toujours béant. D'après la description de son ami, Hagos le reconnut aussi.

— En effet, c'est bien cela, s'écria-t-il avec joie. Et maintenant, que faut-il faire?...

— Tu restes inébranlable! Va donc où t'entraîne le destin, et suis exactement les prescriptions que je vais te tracer... Il faut te blottir silencieusement dans ce trou, de manière qu'aucun indice, au dehors, ne trahisse ta présence. Puis tu fermeras les yeux et tu attendras ainsi, jusqu'au soir, les faveurs mystérieuses que, selon tes mérites, te ménage la fortune!... Moi, je m'éloigne. Adieu!

Et Desta reprit le chemin de la ville, tandis qu'Hagos frémissant d'espoir, et sans même répondre à son ami, se glissait à la hâte sous les racines.

Avec la nuit, les deux animaux dont, autrefois, Desta avait surpris la conversation, accoururent à leur refuge habituel, l'aigle à la cime, et le lion au pied de l'arbre. Et, comme autrefois encore, ils se saluèrent. Le lion parla le premier :

— Eh bien! compère aigle, comment allez-vous aujourd'hui? Faites-vous toujours force ripailles, et vos visites à la ville sont-elles aussi fréquentes?

— Ah! depuis quelque temps, répondit l'aigle, je n'y suis guère retourné. L'abondance en a disparu. On n'y offre plus de sacrifices, on n'y tue plus de vaches, et je suis sûr que quelque vagabond, fils de l'homme, aura découvert le merveilleux remède que renferment les feuilles de cet arbre, ou recueilli peut-être nos paroles quand nous causions ensemble; car le fils du roi n'est plus aveugle. Je n'ai pu rencontrer aucune proie, je me suis en vain fatigué toute la journée à en poursuivre d'invisibles, et je reviens sans avoir réussi... J'ai grand'faim !...

— Moi aussi, reprit le lion, j'en suis également là. Depuis deux jours, je n'ai rien mangé. Mon ventre est vide; comme vous, j'ai grand'faim...

— Allons, compère lion, ce que nous avons de mieux à faire pour ce soir, je crois, c'est d'essayer de dormir. Espérons que demain nous sera plus propice à tous deux. Bonne nuit.

— Bonne nuit, compère aigle.

Et le lion entra dans le trou. Mais, presque aussitôt,

il en sortit un rugissement de joie et un râle d'agonie. Et le lion reparut peu après, la mâchoire ensanglantée et criant :

— Compère aigle! compère aigle! Je n'ai plus faim! Dans mon trou s'était blotti un sot fils de l'homme, peut-être celui qui, dis-tu, nous a une fois entendus, et je l'ai mangé... Mon ventre n'est plus vide, je vais dormir en paix!...

— En vérité, en vérité, quelles stupides et ignorantes créatures que les fils de l'homme!...

— Ne désespère pas non plus, compère aigle, et demain, peut-être, ce sera ton tour; car, tant qu'il en restera sur terre, il s'en trouvera toujours dont les vices ou la folie nous les jetteront en pâture.

CHAPITRE IX

Le Mensah. — La fille du Négus.

Sur cette dernière boutade peu flatteuse pour l'espèce humaine, nous réveillons un de nos gens, afin qu'il prenne la garde à notre place, et nous nous endormons, Gœrguis et moi, le long des cendres chaudes.

Le lendemain matin, à cinq heures, nous sommes en route. L'étroit sentier que nous suivons côtoie d'abord le torrent de la vallée, puis, brusquement, s'enfonce dans des gorges escarpées, et remonte au flanc d'une montagne toute plantée d'ébéniers. C'est un assez vilain arbrisseau, au tronc tordu et rachitique, au feuillage grêle et rare. Çà et là, tout en marchant, nous cueillons les fruits exquis d'un autre arbuste, d'un mètre à peine de haut, qui porte une espèce de prunes analogues à la grosse mirabelle, un peu allongées, et jaune d'or. D'un goût légèrement acidulé, il est peu charnu, et un énorme noyau en occupe presque tout le volume intérieur. Il est tendre, et craque sous la dent comme une amande fraîche. J'en ai oublié le nom. Ensuite nous traversons des plateaux cultivés, nous escaladons de nou-

veau des rampes presque à pic, cramponnés à nos
mules, et fermant les yeux pour échapper au vertige
qui monte des abîmes. Enfin, au bout d'une ou deux
heures d'émoi, nous sommes à l'entrée de la plaine
fertile d'Aïn-Bala.

Le nom d' « Ali-Baba et les quarante voleurs » lui eût
mieux convenu, car, dès la sortie du défilé, nous tom-
bons sur une bande de vingt à trente brigands qui nous
considèrent avec stupéfaction. Ils comptaient, je suppose, sur quelque caravane d'un autre caractère, et
moins bien pourvue de fusils. Contre les nôtres, leurs
lances, voire même leurs boucliers, eussent fait triste
figure. Après tout, peut-être sont-ce simplement des
soldats ou même des gendarmes de la localité, en train
de percevoir leur solde au détriment des voyageurs.
Toujours est-il que la vue de nos armes paraît les
affecter désagréablement, et qu'ils se décident à venir
à nous la pointe basse, pour nous baiser respectueuse-
ment la main.

A gauche et à droite, un rideau de forêts tapisse les
montagnes ; puis, tout à coup, à peu près à mi-côte,
plus de verdure, et, sans transition, un diadème de
roches nues, aux vives arêtes, aux aiguilles pointues,
dessine sa dentelle de pierre sur le fond azuré du ciel.
Derrière est le Mensah. Dans l'après-midi, après une
station délicieuse au bord d'un clair ruisseau, tout
embaumé de senteurs aquatiques, et sillonné par le
vol joyeux des papillons et des oiseaux, à l'ombre

d'un agamé en fleur, dont les branches entrelacées avec celles d'un olivier étendent au-dessus de nos têtes un voile impénétrable, nous nous dirigeons vers Gueleb, la capitale ruinée de ce pauvre canton.

Les huttes du village sont en face de nous, à l'extrémité d'une longue vallée, et adossées à la colline. Des débris de rocs erratiques jonchent le sol. Un bloc formidable, entre autres, attire les regards et domine les alentours. C'est presque à lui seul une montagne. Il se dresse au milieu de la plaine. D'autres plus petits, disséminés, semblent lui faire cortége. A quelle époque a-t-il roulé là? Dieu seul le sait. Les habitants lui ont donné un nom, et l'appellent la *Fille du Négus*.

C'est toute une légende, que Gœrguis ne se fait pas prier pour me conter.

LA FILLE DU NÉGUS.

Personne n'ignore, dit-il, que la monarchie éthiopienne doit son origine à Makeda, reine de Saba, que d'autres appellent Belkis. On sait également qu'au retour de sa visite au puissant roi Salomon, cette princesse donna le jour à un fils, qui reçut le double nom de David et de Menclick.

Dès que le jeune prince eut grandi en force et en vertu, sa mère songea à le doter d'un empire plus vaste que celui des Sabéens, sur lesquels elle régnait.

Ses peuples possédaient de nombreux vaisseaux ; elle équipa une flotte, et débarqua avec une armée sur la côte orientale d'Afrique, en face précisément des rivages de l'Arabie où était assise sa capitale.

L'Éthiopie n'était encore qu'une contrée montagneuse et sauvage dont les habitants barbares, au fond de leurs forêts, rendaient un culte primitif à de grossières idoles. Makeda n'eut pas de peine à les soumettre. Elle défit, un à un, tous les rois qui les commandaient, et lorsqu'elle leur eut imposé l'autorité de son fils, proclamé Négus, ou Roi des rois, elle se mit à leur enseigner les doctrines qu'elle avait elle-même rapportées de Jérusalem. Ses prédications ne rencontrèrent guère plus de résistance que ses armes, et bientôt plus de cinq millions d'Éthiopiens eurent embrassé la foi judaïque. Il existe même de ces familles qui n'y ont pas encore renoncé. Ce sont ceux, tu en as vu, qu'on nomme maintenant les *Felachas*.

Trente-quatre Négus de sa race se succédèrent sur le trône de Menelick, et gouvernèrent avec sagesse, en demeurant fidèles à la tradition de Juda. Ce fut sous le règne d'Abreha-Atzbeha, c'est-à-dire Abreha le béni, vers l'an 330, que saint Frumence vint annoncer à nos pères la parole du Christ. Le Négus et tous les grands seigneurs se convertirent, le peuple ne tarda pas à suivre leur exemple, et en peu de temps la majeure partie de l'Éthiopie devint chrétienne.

Tegulat, la ville des hyènes, dans le Choah, bâtie par Menelick, était restée jusque-là la capitale de l'empire. A partir de ce moment, Axoum, dans le Tigré, la remplaça. C'est, d'après les anciens, dans la pierre même des collines qui entourent cette cité que fut creusé le tombeau de la reine de Saba, et que ses restes continuent, encore aujourd'hui, à dormir leur sommeil de trente siècles. Abreha y transporta sa résidence, y fit élever de somptueux monuments, et construisit l'église sur les bases de laquelle les Jésuites portugais devaient, douze cents ans plus tard, édifier la basilique qui s'y voit actuellement. Là, il reçut solennellement le baptême avec toute sa cour. Puis, devenu disciple de Jésus, il voulut combattre pour sa gloire, et conquérir des royaumes à la foi.

A la tête de son armée, il traversa la mer Rouge et pénétra dans l'Arabie. L'empire des Négus avait atteint un degré de prospérité inouïe et de puissance redoutable. Sur les armes des soldats, l'éclat de l'or alternait avec le scintillement du fer. Une cavalerie fougueuse mêlait ses escadrons aux bataillons compactes des fantassins, et des éléphants, capturés au bord des fleuves, couverts de housses écarlate, portaient les principaux chefs.

Ce fut monté sur l'un de ces animaux, d'une blancheur immaculée, que le Négus apparut aux yeux stupéfaits des habitants de l'Yémen, et fit son entrée dans la Mecque, au bout d'un siége de deux mois.

Cette guerre demeura fameuse dans la mémoire des vaincus, sous le nom de « guerre de l'Éléphant ». Mais elle y sema aussi des germes de haine et de vengeance qui se firent jour, dans toute leur rage, aux temps des invasions musulmames. L'Éthiopie fut la première des nations chrétiennes contre lesquelles se tournèrent leurs menaces, par le royaume d'Harrar.

Les successeurs d'Abreha les repoussèrent avec des fortunes diverses; et la suzeraineté du Roi des rois s'étendait, obéie et respectée, des côtes de la mer jusqu'aux bords du fleuve Blanc, lorsque, vers le treizième siècle, Lalibala monta sur le trône. Ce prince résolut alors de purger définitivement le voisinage de ses États de la souillure des sectateurs de Mahomet, et pour mieux surexciter le courage des siens, il fit appel à leur ferveur chrétienne dans des chants devenus populaires, ou des strophes que ses guerriers récitaient en marchant au combat.

Partout Dieu donna la victoire à son serviteur. Il s'empara de Zeïlah, passa le détroit, comme l'avait fait Abreha, et soumit la plus grande partie de l'Yémen. Mais il nourrissait, dans le secret de son cœur, des desseins autrement gigantesques. La grandeur des khalifes d'Égypte, qu'il savait bien hors de ses atteintes, lui portait ombrage. Et séparés d'eux par les infranchissables déserts du Soudan, il conçut le projet formidable d'en reculer encore davantage la barrière, de façon à engloutir sous la stérilité des sables l'opulente contrée devenue le siége de leur domination, et de détourner le cours du Nil.

A une date environnée de ténèbres, bien avant les temps de Salomon et de la reine de Saba, avant même l'époque où les premiers habitants des plateaux éthiopiens s'y installèrent, une vaste mer, raconte la légende, recouvrait ces espaces immenses qui, au sud-ouest du Kordofan et du Darfour, s'étendent, de nos jours, en plaines désolées où la tempête ne soulève plus que des vagues de sable. Loin, bien loin au delà de cette cité merveilleuse dont le nom est venu jusqu'à nous, au delà de Tombouctou, ses flots allaient ensuite rencontrer ceux de l'invincible Océan, et se confondre avec lui. Or, en ces temps, le fleuve Blanc, au lieu de continuer à couler vers le nord, s'arrêtait à peu près au milieu de son cours, et avant ces marais pestilentiels qui s'appellent, à présent, le lac Nô, tournait vers le couchant pour se perdre dans cette mer mystérieuse. Les bouleversements successifs qui l'ont fait disparaître, en rejetant le fleuve vers le nord, lui ont, en même temps, tracé un autre lit. Mais, encore même aujourd'hui, à la saison des pluies, sur la surface aride et dénudée du sol, quand y surgit la teinte assombrie d'une végétation éphémère, se dessinent, plus vertes et plus tranchées, comme les sinuosités d'un cours d'eau qui persisterait à descendre, ignoré et souterrain, vers les plages abandonnées.

C'était là l'issue que le Négus se proposait de rou-

vrir aux ondes fécondantes qui portent la vie en
Égypte, en décapitant une montagne entière, pour
leur barrer la route de ce côté.

Lalibala n'avait qu'une fille, la belle et fière Judith.
Elle se nommait comme cette reine juive du Samen
qui fut, un instant, victorieuse des empereurs, jusqu'à
substituer sa propre dynastie à la leur. Non moins
altière et valeureuse, elle possédait, en plus, la grâce
et la beauté. Sur elle son père reportait toutes les
espérances de sa vie. Dès longtemps, il l'avait associée
à ses conceptions grandioses ; et poëte comme lui, elle
partageait ses enthousiasmes, célébrant, à son exemple,
en vers harmonieux, les splendeurs de la foi, ou la
gloire des batailles.

Nombre de prétendants, parmi les princes les plus
illustres, aspiraient à sa main. Mais, à ses yeux, il n'y
avait qu'un descendant de Salomon, ainsi qu'elle, qui
pût en être digne. Or, des princes de sa famille, aucun
n'était à l'âge d'homme, et son cœur demeurait fermé
à toutes les défaillances.

Il advint, en ce temps-là, qu'un des plus grands
seigneurs de l'Éthiopie, Naacucto-Laab, prince du
Lasta, se rendit à la cour du Négus. Naguère il l'avait
suivi dans l'expédition de l'Yémen. C'était même à sa
fidélité que Lalibala, sur le point de rentrer dans ses
États, avait confié le gouvernement de cette province.
Mais on prétendait qu'une fois soustrait au contrôle
impérial, Naacucto-Laab, qui n'avait, jusqu'alors,

connu que les mœurs austères de ses montagnes
et les rudes plaisirs de la guerre, s'était laissé
éblouir par le faste des princes arabes devenus ses
voisins, et gagner peu à peu par la licence de leur vie.
Il s'était même, disait-on, rapproché de quelques-uns,
s'était lié d'amitié avec eux, et, sur leurs conseils,
oublieux de ses devoirs de chrétien, n'avait pas craint
d'aller secrètement au Caire, saluer le khalife, ennemi
de son propre suzerain. Là, des enchantements de
toute sorte l'avaient accueilli, des splendeurs inimagi-
nables avaient frappé ses yeux. Il en était parti ravi,
fasciné, et de retour dans l'Yémen, tout au regret des
jouissances perdues, il ne s'était point caché des sympathies qu'il éprouvait pour le souverain infidèle auquel il les avait dues. Peut-être roulait-il tout bas
dans son esprit le dessein d'y retourner.

Ce fut alors que la volonté du Négus le rappela près
de lui. Il se présenta entouré d'une pompe qui effaçait,
de bien loin, le luxe guerrier des autres grands feudataires. Plus resplendissante que jamais, la belle Judith
voyait à ses pieds les hommages de toute cette haute
noblesse d'Éthiopie. Il s'empressa d'y ajouter les siens.
Mais plus hardi et plus orgueilleux que tous ceux
dont la respectueuse admiration n'avait jamais franchi
les bornes d'un aveugle dévouement, il n'hésita pas
à affirmer résolûment ses intentions, et bien qu'elle
ne daignât pas s'en apercevoir, à manifester ouvertement son amour.

Or, c'était le moment qu'avait choisi Lalibala pour initier ses peuples au plan qu'il méditait; et il voulait que ce fût au travers d'éblouissements dont leur mémoire pût conserver l'empreinte. Déjà, afin de se concilier la faveur d'En Haut, il avait, en plus d'un lieu, érigé des temples où des prières publiques appelaient sur l'empereur les bénédictions du ciel. C'est même à lui que remontent ces églises souterraines qui se voient encore çà et là en Éthiopie. Puis, des bornes du Soudan aux frontières des Gallas, il avait convoqué tous ses princes, tous ses ducs, tous ses nobles, et dressé sa tente, pour les grouper autour de lui, sur la rive orientale du lac Tsaña. Là, au penchant des collines d'où sort le fleuve Bleu, frissonnaient alors des centaines de bannières, au milieu desquelles se déployaient les plis écarlate du pavillon impérial. Aucun des grands n'avait manqué au rendez-vous; et escorté de ses hommes d'armes, chacun avait établi son camp près de celui du Négus, suivant l'ordre et le rang que lui assignaient les préséances.

Entre tous se remarquait le quartier de Naacucto-Laab. Deux mille cavaliers gallas l'accompagnaient. Fils lui-même d'une princesse de cette nation qui, pour épouser son père, avait à peine jeté sur ses croyances païennes le voile d'une conversion apparente, il aimait à s'entourer des compatriotes de sa mère, dont l'humeur et les habitudes farouches songeaient peu à s'offusquer du relâchement de ses goûts.

C'était toujours à la tête d'une troupe de ces gens
qu'il se plaisait à paraître. Tout, dans leur aspect, était
fait pour frapper le vulgaire. Leur stature élevée, que
rehaussait encore le casque en peau de singe à la
crinière noire et blanche leur flottant dans le dos,
leurs armes bizarres, leurs boucliers en cuir de rhinocéros, et la taille colossale de leurs chevaux, étaient,
pour la foule, l'objet d'une crainte superstitieuse dont
le bénéfice rejaillissait jusqu'à lui, en même temps que,
pour ses pairs, le sujet d'une salutaire terreur.

Ce double sentiment qu'il s'était appliqué, dès
l'abord, à faire naître, il l'exploitait maintenant avec
adresse. Largement payées par lui, des compagnies de
troubadours se répandaient, en outre, parmi les nobles
et le peuple, en célébrant ses exploits ou sa munificence, et en unissant dans leurs chants, jusqu'au pied
du trône, les noms de la fière Judith et du magnifique Naacucto-Laäb. Car, plus résolu que jamais, il
continuait à proclamer son amour pour la fille du
Négus. Le chemin de son cœur n'était-il point aussi
celui de la couronne? Et déjà son ardente ambition
laissait volontiers deviner le but caressé de ses rêves.

Mais, au contraire, ces manœuvres finirent par éclairer
l'altière jeune fille, et loin de la toucher, ne provoquèrent que son indignation. Seulement les circonstances lui commandaient de la taire. Lalibala ne se
dissimulait point, en effet, les résistances ombrageuses
auxquelles allaient se heurter ses projets. Ce n'étaient

plus là, pour cette noblesse turbulente, les chances d'une guerre, avec ses promesses alléchantes de gloire et de butin. Ce n'étaient plus de l'or à récolter, des terres à conquérir, des nations à rançonner. Non! C'était à des efforts répugnants qu'il s'agissait de les convier, eux, des guerriers, ne vivant, depuis des siècles, que pour les armes; c'était presque les condamner d'avance, eux et leurs soldats, à des travaux d'esclaves! La grandeur de l'œuvre disparaissait obscurcie par les dehors de la tâche, et les révoltes de leur orgueil étroit repoussaient hautement l'avilissement du labeur ingrat auquel il leur fallait d'abord descendre.

Tout cela, il est vrai, c'était encore par bouffées discrètes et par sourdes rumeurs que l'écho en arrivait à l'empereur. A part ses favoris les plus intimes, nul n'avait été, jusqu'alors, admis aux confidences du plan terrible. Et pourtant, loin de fléchir, le mécontentement grandissait, sous les coups calculés de la calomnie et du mensonge. La perfidie de Naacucto-Laab mettait à profit ces dispositions. Et ses réticences habiles, parfois même ses protestations arrogantes, trouvaient un accueil facile auprès, surtout, de ces caractères pusillanimes, incapables de se prononcer jamais tout haut, mais portés, d'autant plus, à exalter celui qui flatte leurs secrètes faiblesses. C'est pourquoi ces tendances, que n'ignorait point le Négus, imposaient à sa prudence des ménagements redoublés; et avant d'aborder ouvertement le vrai motif de cette convocation,

il cherchait à séduire les esprits par l'éclat et la somp-
tuosité des fêtes.

Il avait attendu avec art, pour l'époque de la réunion,
l'anniversaire de saint Georges, le patron de l'Éthiopie. Il n'est personne, en ces jours-là, qui, suivant ses
moyens ou sa ferveur, ne se signale, chez les riches,
par des largesses et par des réjouissances; et Lalibala
avait fait connaître, de longue date, qu'il rassemble-
rait, à cette occasion, tous les grands de son empire,
afin de remercier ensemble et d'honorer le saint tout-
puissant auquel ils devaient leurs communes victoires.

Malgré les inquiétudes et les appréhensions irritées
de la noblesse, tout, en apparence, était donc aux
divertissements et à la joie, sur les rives du lac Tsaña.
Des milliers de vaches étaient journellement immolées;
des ruisseaux d'hydromel coulaient à flots; et le retentissement des fanfares guerrières mariées aux chants
d'allégresse et aux acclamations de la foule, se confon-
dait avec les cantiques des prêtres et les prières de
l'Église.

Cependant, depuis deux jours, enivré des témoignages d'amour et de vénération que la masse du
peuple ne lui avait jamais marchandés, et qu'il retrouvait toujours aussi enthousiastes, aussi fidèles; encou-
ragé par l'Abouna [1], dont la haine religieuse rêvait
l'anéantissement des musulmans, le Négus, déjà,

---

[1] Le patriarche (littéralement en arabe : notre père, *abou na*),
le chef de l'Église d'Éthiopie.

gardait moins de réserve, et ne se gênait point, devant son entourage, pour proférer des paroles plus claires. Les derniers nuages se dégageaient donc; ils allaient être tout à fait dissipés dans un festin, au quartier impérial, où tous les hauts feudataires étaient invités.

Une immense salle de feuillage avait été construite. Les tables étaient nombreuses. Plus de cinq cents princes et nobles avaient pris place alentour. Des viandes de toute espèce fumaient dans des plats d'or. Les blonds rayons du tedj étincelaient au fond des vases cerclés d'argent en corne de buffle, et des centaines de torches projetaient leurs rouges reflets sur ces figures martiales. Au centre, sous un dais de pourpre, la peau d'un léopard fraîchement tué recouvrait un siége plus élevé que les autres. C'était le trône de l'empereur.

Dès que les convives eurent été introduits, tandis qu'ils demeuraient debout, frémissants, les trompettes résonnèrent, et le Roi des rois, le front ceint de la tiare, le manteau impérial sur l'épaule, précédé de deux lions tenus en laisse par ses pages, et suivi de ses grands officiers, fit son entrée solennelle. En face, un merveilleux tapis, taillé dans les dépouilles de trente autruches mâles, se déroulait sur les degrés d'une estrade vide. Ce fut là qu'au milieu du repas, une porte dissimulée dans la verdure s'ouvrit, et la belle Judith apparut. La robe flottante, sa chevelure retenue au sommet par des bandelettes d'or, et derrière, retombant en grappes sombres sur l'étoffe blanche de son quarri, une flamme dans les yeux, l'air illuminé, l'attitude souveraine, elle s'avança.

A sa vue, au tumulte de la fête succéda un silence profond. De la main elle effleurait les cordes d'un instrument étrange dont les sons se mêlaient doucement à ses vers. Et alors, comme les notes stridentes du boulboul [1] ou les gerbes d'une cascade de perles, on entendit s'égrener une à une les stances vibrantes de son chant inspiré. Elle évoquait, dans le passé, les triomphes de la Croix sur l'Islam, et pour l'avenir, elle en prédisait d'autres.

Assis au-dessous du Négus, et séparé du trône uniquement par un des lions couchés, Naacucto-Laab, qui ne s'abusait plus sur les dédains de la princesse, les traits contractés, la bouche plissée, la contemplait d'un regard où se lisait un indéfinissable mélange de haine et de passion. Et lorsqu'elle eut fini, que l'assistance émue palpitait encore sous le charme de son talent et de sa beauté, Lalibala se leva :

— Princes et nobles de l'Éthiopie, s'écria-t-il, vous reconnaissez la voix dont les accents vous ont déjà si souvent annoncé la victoire. Une fois encore, la voilà qui s'adresse à vos courages et vous promet de nouvelles gloires. N'est-ce point saint Georges même qui parle par son organe? N'est-ce point lui qui nous appelle, au nom de la foi chrétienne? Fiers de leurs succès sur les

---

[1] Le rossignol de l'Orient.

chrétiens d'Occident, l'orgueil des musulmans relève aujourd'hui la tête, et leur khalife ne craint pas de nous adresser, du Caire, d'outrageants défis. Il compte sur les barrières du désert pour désarmer nos bras, et pousser plus avant les conquêtes impunies du Croissant. Guerriers chrétiens, le souffrirez-vous ?

A cette apostrophe, d'ardentes acclamations répondirent. Le Négus, radieux, poursuivit :

— J'en étais sûr. Non ! vous ne le voulez pas. Saint Georges me l'avait dit. Il m'a dicté ses ordres. Écoutez-moi !... L'Égypte est le boulevard de l'Islam, comme elle en est le joyau. D'insondables solitudes nous en séparent, en effet, et toutes les armées de l'Éthiopie périraient de faim et de misère avant d'avoir atteint les bords fameux de ce Nil où s'étale l'insolence des khalifes, de ce Nil qui apporte la vie à leur royaume !... Eh bien ! c'est ce Nil qu'il nous faut conquérir ; c'est ce Nil qu'il nous faut arrêter dans sa course ; c'est ce Nil qu'il nous faut détourner de l'Egypte, et que nous allons rejeter vers les contrées où il coulait jadis... Et l'Islam aura vécu !

Un tumulte effroyable éclata à ces mots. Était-ce de l'enthousiasme ? Était-ce de la révolte ? Nul ne sait. Mais, comme les serviteurs se précipitaient en même temps pour remplir les coupes, on vit Naacucto-Laab se lever, puis on l'entendit jeter ce cri :

— C'est moi qui verserai à boire au Roi des rois.

Et saisissant le vase des mains de l'échanson impérial,

il s'approcha de Lalibala. Et celui-ci, pour lui faire honneur, porta à ses lèvres la coupe pleine. Mais à peine y eut-il touché que, soudain, un flot de sang lui envahit le visage, des râlements rauques s'exhalèrent de sa gorge ; et battant l'air de ses bras, il roula sans mouvement sur les marches de son trône. Le poison avait fait son œuvre.

Terrifiés, tous les assistants s'élancèrent. Des exclamations de stupeur et d'effroi se croisaient avec le fracas des tables renversées, les rugissements des lions captifs ; et les torches, foulées aux pieds, ne laissaient plus échapper qu'à peine de mourantes lueurs.

Et tout à coup, au milieu de la confusion de cette scène, pendant que les fidèles, affolés, se précipitaient, pour le relever, vers le corps inerte de leur maître et l'entouraient ; que les mécontents, épouvantés, cherchaient une issue pour fuir, un galop formidable de chevaux retentit au dehors. C'étaient les cavaliers gallas de Naacucto-Laab qui accouraient. Dès le début, profitant de l'effarement général, il avait quitté la salle. Sur un signe de lui, ses hommes, tout prêts, étaient en selle, et il arrivait à leur tête, se faisant saluer empereur sur son passage par la foule égarée et stupéfaite.

Grâce à la peur des uns, à la complicité des autres, redoutable à tous par l'attachement aveugle et la férocité des siens, secondé par le désordre et la terreur que ne manque jamais d'engendrer une catastrophe

subite, il rencontra, dans le moment, peu de résistance chez la noblesse éperdue.

Une seule satisfaction lui échappa.

Dès qu'elle eut dit ses vers, la princesse Judith
s'était retirée. Elle habitait une maison à l'écart,
où les bruits de la salle du festin ne pouvaient parvenir. Le premier frisson de stupeur dominé, des serviteurs étaient accourus lui porter la funeste nouvelle. Tout d'abord, elle se refusa à croire à la mort
de son père. Et déjà elle s'apprêtait à courir vers lui,
lorsqu'un second message l'informa de l'usurpation de
Naacucto-Laab. Dès lors, c'en était fait; elle ne douta
plus.

L'énergie virile dont elle était douée ne l'abandonna
pas néanmoins. L'horreur de sa position lui apparaissait clairement, mais elle se redressa, et se retrouva
la fille de l'empereur. Tout, plutôt que de subir la loi
de l'assassin! Refoulant ses larmes et son désespoir,
elle appela auprès d'elle ses femmes les plus sûres,
puis se fit amener sa mule, et ramassant à la hâte ses
bijoux précieux, sans s'attarder davantage, elle prit le
chemin du Nord.

Elle avait raison. A peine salué Négus, Naacucto-
Laab pensa à la fille hautaine dont il n'avait pu fléchir
l'orgueil. Où était-elle?... Disparue!... Sur son ordre,
des cavaliers se mirent à sa poursuite. Il se disait
qu'elle avait dû chercher refuge vers le Sud, au Choah,
le berceau de ses ancêtres, où vivaient encore les débris

de sa famille et les derniers rameaux de la race de
Salomon. Durant des jours, toutes les routes conduisant
dans cette direction furent explorées et fouillées, mais
en vain.

L'infortunée princesse avait, on le voit, calculé
juste. Elle supposait bien que les recherches se tour-
neraient de ce côté! L'important était, pour l'heure,
d'échapper à l'infâme. Une fois en sûreté, elle saurait
rallier autour d'elle les amis de son père. L'un d'eux
était gouverneur de l'Hamacen. Sans doute, il avait fui
Naacucto-Laab, et serait de retour dans sa province.
Ce fut là qu'elle se dirigea, après avoir toutefois
dépêché un courrier pour l'avertir.

Déjà elle approchait de Hâsaga, la capitale du pays,
lorsqu'elle vit revenir le messager à sa rencontre.
L'ancien compagnon du Négus, placé par lui à la tête
d'un des gouvernements les plus riches de l'Abyssinie,
refusait aujourd'hui de recevoir sa fille. Son attachement bien connu pour Lalibala le signalait d'avance
au courroux de son successeur, et il en redoutait les
effets.

A ce coup imprévu, toute la fermeté, jusque-là
inébranlable, de la princesse Judith s'évanouit. Se laissant choir de sa monture, elle s'affaissa à terre, et se
prit à verser des larmes abondantes. Et sur l'aile
de ses soupirs, sa douleur s'exhalait en plaintes poétiques. On répète encore au Barca des vers qu'elle murmurait, dit-on, en ce moment même :

Jettim nim béke ; na ezem, eileboulou ou bakiet guesse !
Si une orpheline pleure, va-t-'en et tais-toi, lui dit-on. Laisse-nous;
   [paix avec tes larmes !
Mangued deblou mennou minta mouder messe.
On ferme la porte devant elle, quand la nuit tombe sur la terre.

Elle resta longtemps, ainsi, à gémir. Ses femmes, presque aussi abattues que leur maîtresse, étaient impuissantes à la ranimer. A la fin, cependant, elle se releva, et remontant sur sa mule, se remit à la pousser en avant. Mais, désormais, où porter ses pas?... A quelle porte frapper?... Elle allait au hasard, traversant les forêts et les champs sans regarder autour d'elle, abîmée dans son chagrin. Ce fut ainsi qu'elle atteignit les frontières du Mensah. Le même serviteur était reparti en quête d'une hospitalité moins précaire. Là, brisée par les émotions et la fatigue, elle s'arrêta. Un tertre ombragé lui offrait, à l'écart, un asile bienfaisant contre l'ardeur du soleil. Elle s'y réfugia pour attendre cet homme.

Au bout de quelque temps il la rejoignait, la frayeur peinte sur les traits. Non-seulement il n'avait rien découvert, mais il avait appris, au contraire, que les émissaires de Naacucto-Laab étaient sur sa piste. Déjà, on signalait leur présence non loin de là. Encore quelques heures, et la princesse fugitive allait infailliblement tomber en leur pouvoir.

—Ah! Seigneur Dieu! Par l'âme de mes pères, s'écria Judith dans un élan de désespoir, les mains levées au ciel, sauve-moi! Que ta pitié descende sur la fille de Lalibala!

LA FILLE DU NÉGUS.

Et la pitié céleste descendit, en effet, sur elle. Car on vit tout à coup son corps, agité jusque-là de frissons convulsifs, se roidir et devenir immobile; ses bras étendus prendre la rigidité de la pierre; une teinte de marbre se répandre sur son front; tout son être grandir et se transformer. Et à la place de cette jeune fille svelte et gracieuse, le regard ne distingua plus, bientôt, qu'une masse compacte, que ce bloc de rocher, dont les reliefs continuent à garder le contour des plis de son vêtement. Ces broussailles pendantes remplacèrent les boucles de sa chevelure. Et tu le vois, de nos jours encore cette pierre colossale, battue par l'impuissance des siècles, n'en demeure pas moins toujours debout, toujours superbe, comme si elle commandait à la plaine. A l'endroit même où elle venait d'être assise, enfantée par ses pleurs, une source jaillit, qui coule sans avoir jamais tari, depuis cette époque. C'est ce ruisseau que nous côtoyons.

Ses suivantes partagèrent le sort de la princesse, et nous les retrouvons également, sous la forme de ces quartiers de roche plus petits, groupées jusque dans la mort, autour de leur maîtresse.

Ce fut ainsi que la princessse Judith échappa aux poursuites et à la vengeance de Naacucto-Laab. Quant à celui-ci, il ne jouit pas longtemps des fruits de son crime. Les nobles du Choah, indignés, refusèrent de se soumettre au joug du meurtrier, et se soulevèrent en proclamant, pour succéder à Lalibala, un des jeunes

rejetons de la dynastie de Salomon qui vivait parmi eux.
D'une voix unanime ils s'écrièrent :

« *Icon Amiac!* » — Ce qui veut dire : « Qu'il soit
notre souverain ! »

Et l'histoire lui a conservé ce nom. C'est ainsi qu'il
est désigné dans les annales de l'Éthiopie, parmi cette
longue suite de Négus, dont la race, malgré tant de
vicissitudes, a surmonté les ruines et les catastrophes
accumulées autour d'elle.

Mais ce n'est plus au bord du lac Tsaña qu'il faut
l'aller chercher aujourd'hui. Bien que la foi populaire,
dans toute l'Éthiopie, ait jeté sur la mort de Lalibala
l'auréole du martyre, et le vénère actuellement comme
un saint, à maintes reprises ses héritiers ont vu leur autorité ébranlée, et dans le nord surtout, des rébellions
surgir, des aventuriers les combattre, des usurpateurs
les écarter. Gondar, devenu après Axoum la résidence
impériale, leur éleva un palais dont les murs redoutables
leur servirent, plus tard, trop souvent de prison. Seul,
le Choah, constitué en royaume, ne s'est jamais détaché
de l'antique famille à laquelle il a dû sa splendeur. Et
tandis qu'ailleurs, d'autres provinces du vieux sol éthiopien, courbées sous un despotisme passager, se bornent
à des regrets stériles, ce vaillant peuple est demeuré
fidèle à ses traditions, à ses princes, et ne reconnaît qu'un
souverain, Menelick II, le dernier descendant de Salomon et de la reine de Saba, le futur Roi des rois, réservé par les prophéties à l'Éthiopie régénérée.

CHAPITRE X

La chrétienté de Gueleb. — Le lionceau. — Dernier bivouac au
désert. — Aïssa, la belle fille au teint d'or.

Lorsque Gœrguis achevait des récits de ce genre,
j'étais toujours tenté de répondre : « *Amen!* » tant
l'énergie de sa conviction se lisait dans son œil
sévère et sa contenance grave. Celui-là me paraissait
bien, outre le merveilleux, offrir quelques allégations
historiques légèrement risquées. Mais à quoi bon en
faire l'observation? Je m'en serais bien gardé.

Tout en causant, nous continuons à avancer. Le terrain est couvert d'une plante singulière, ou plutôt
d'une broussaille, moitié herbe, moitié arbuste, qui
s'épand autour de nous en masses épaisses. Je ne l'ai
encore jamais vue. C'est l'*endod*. Sans qu'aucun trait
caractéristique en signale l'apparence extérieure, les
propriétés cachées n'en sont pas moins précieuses,
car la graine, écrasée et fermentée dans un peu d'eau,
produit une mousse laiteuse dont, en Éthiopie, on se
sert en guise de savon, et au moyen de laquelle les
vêtements, lavés et lessivés, recouvrent une éblouissante blancheur.

Les rampes rocailleuses des coteaux sont fournies d'oliviers, de cactus, d'aloès en pleine floraison, dont les racines s'accrochent aux fentes du rocher, ou de fourrés impénétrables sous lesquels tout un peuple d'animaux sauvages accourt demander asile.

Nous dépassons le village pour aller installer notre campement un peu au delà, tout près d'une eau limpide et fraîche. Ce soin pris, nous revenons vers ses cabanes délabrées. L'état de dépérissement et de misère des gens fait pitié. Sur chaque figure, la faim a gravé des stigmates lugubres.

L'évêque voulut voir la chapelle. C'était une hutte de paille presque pourrie, ronde et surmontée d'un toit pointu, semblable à toutes les autres, un peu plus vaste seulement. Les poteaux rompus, les cloisons arrachées, y laissaient pénétrer la poussière et la pluie. L'autel, formé de trois planches superposées gisait à terre. Des salamandres, des insectes immondes, grouillaient dans tous les coins. A la porte, on remarquait une pierre d'un genre particulier, plate et longue, attachée par des liens de roseaux aux extrémités supérieures de deux pieux parallèles, à une hauteur d'un ou deux pieds. C'était la cloche, muette aujourd'hui, destinée autrefois à convier les fidèles à la prière. Frappée avec une autre pierre, elle rendait un son argentin qui s'entendait de loin, et rappelait à s'y méprendre, en effet, celui d'une cloche d'airain. Voilà tout ce qui restait à peu près d'intact de la demeure sainte. Depuis longtemps le prêtre l'avait abandonnée, chassé par la famine.

L'histoire de ce prêtre, étonnante pour nous, est un exemple assez ordinaire des commodités de la religion cophte en Abyssinie. Il était fils du précédent, et n'avait reçu d'autre ordination que celle qu'il avait trouvé bon de s'administrer lui-même, en se baignant, après l'ensevelissement, dans la même eau dont on s'était servi pour purifier le cadavre de son père. Cette cérémonie avait suffi auprès de ses ouailles pour le revêtir, à leurs yeux, du caractère sacré. De la plus parfaite ignorance d'ailleurs, il était marié, père de famille, et, dans le principe, vivait assez confortablement des redevances régulières qu'il prélevait, à certaines époques, sur la piété complaisante de son troupeau.

Le programme complet de ses fonctions sacerdotales consistait à le réunir lors de la fête de Pâques. Alors, toute la foule assemblée devant la porte de la chapelle tombait à genoux, et s'écriait, sur un signe de son pasteur, d'une voix unanime :

— Nous avons péché !

Puis, sur un second signe, qui pouvait passer, celui-là, pour une bénédiction, elle se relevait et criait de nouveau :

— Nous sommes sanctifiés !...

Ensuite, elle s'écoulait satisfaite, convaincue d'avoir rempli tous les devoirs du chrétien, et fière de l'absolution collective qu'elle venait de recevoir.

14.

Mais plus rien de tout cela, maintenant. Le prêtre
est allé chercher fortune ailleurs, et le peu d'habitants
demeurés à Gueleb achèvent de mourir lentement là
où ils sont nés, et où ils ne peuvent plus vivre. Notre
station ne se prolongea pas parmi eux, et, après une
journée consacrée à la distribution de quelques au-
mônes bien insuffisantes, hélas! nous regagnâmes notre
bivouac.

On nous avait prévenus que le lieu était infesté de
bêtes féroces, et que la nuit, de bien loin, elles
venaient boire à la source près de laquelle il était
établi. Déjà, les bruits de la vallée nous apportaient,
en effet, de sourds et rauques grognements, timides
encore, il est vrai, mais qui n'étaient que le prélude
du concert dont allaient être frappées nos oreilles.
Je mis à profit les dernières lueurs du jour pour aller
pourchasser d'énormes bartavelles, dont le cri se
mêlait, çà et là, à la note plus sévère des grandes voix
du lion ou de la panthère. Perchées sur des quartiers
de roc, elles se répondaient l'une à l'autre. J'en tuai
une, ou plutôt je l'assassinai, en la tirant presque à
bout portant. Elle était aussi grosse et presque aussi
dure qu'un vieux coq de basse-cour.

Bien que je me fusse assez peu éloigné pour ne pas
même perdre notre camp de vue, lorsque j'y rentrai
avec mon gibier, les ténèbres étaient profondes. Point
de lune. Un bûcher, composé de deux ou trois arbres
entiers, flambait au milieu de la clairière, en projetant

sa lumière sur les broussailles sombres. Derrière, alléché, sans doute, par le fumet des viandes de notre souper, rôdait un léopard dont les miaulements sinistres nous assourdissaient. Nous étions, les uns et les autres, devenus tellement insouciants d'un voisinage aussi banal, que nous ne songions qu'à nous plaindre de ce bruit persistant, sans daigner nous préoccuper autrement du danger qui pouvait s'y joindre. Nous veillâmes, seulement, à ce que le feu ne s'éteignît pas, et en raison de la mauvaise réputation de l'endroit, deux de nos hommes, pourvus d'un approvisionnement de combustible respectable, furent spécialement affectés à ce service. Puis, nous nous endormîmes. Mais notre sommeil ne fut pas de longue durée. Malgré nos couvertures et nos manteaux, le froid nous pénétrait. A cette altitude de 6,000 pieds au-dessus du niveau de la mer, la rosée des nuits est glaciale. Bien avant le lever du soleil, nous étions debout. Nous nous nous serions mis en route sur-le-champ, sans les difficultés et les accidents du terrain.

Enfin, le ciel blanchit à l'est, et nous avions le pied à l'étrier, lorsque, tout à coup, retentit un coup de feu ; puis un épouvantable rugissement, dans la direction de la source. J'y cours, avec deux ou trois hommes, et là, nous trouvons un des domestiques de la mission qui venait y remplir sa gourde, accroupi devant le cadavre d'une superbe lionne gisant à terre, tandis qu'un petit lionceau pleurait et s'agitait autour.

C'était la répétition, à peu de chose près, de l'aventure de Gœrguis, dans le Barca.

Au moment où nous arrivions, le petit déboulait dans nos jambes. Il était tout mignon, et de la taille d'un chacal. Je l'achetai, et après l'avoir désaltéré avec un peu de lait, je voulus le placer devant moi, sur ma selle. Impossible ! La diabolique mule sautait, ruait. L'odeur de ce fauve, si inoffensif qu'il fût, la rendait folle. Un de nos gens le déposa alors dans un *couffin* (panier indigène), et le prit sur le dos. Je le gardai plusieurs mois. Il était doux et jouait comme un jeune chat. Il se plaisait, surtout, à venir me mordiller le coude, lorsque j'étais couché. D'ordinaire, je répondais à ces caresses du roi des animaux par de fortes taloches qui l'envoyaient rouler à quelques pas. Je me proposais de l'amener en France. Mais, un beau matin, je le ramassai étranglé par la corde qui l'attachait chaque nuit, et dont il s'était maladroitement entortillé le cou.

Durant plusieurs heures, le ravin encaissé dont nous suivons le lit nous retient entre deux murailles géantes. Puis, après avoir franchi, tant bien que mal, deux ou trois cascades d'une hardiesse grandiose, nous nous trouvons soudainement à la crête d'une falaise du haut de laquelle le torrent se précipite et brise, avec un bruit de tonnerre, ses flocons d'écume sur un banc de rochers qui, à une profondeur vertigineuse, renvoie d'en bas l'écho mugissant de sa chute.

Là, il faut se mettre en quête d'une autre voie. En

prenant à droite, nous atteignons le sommet d'une
sorte d'échelle ménagée par entailles dans le granit,
sur laquelle doit s'aventurer le sabot de nos bêtes. La
descente commence ; on a mis pied à terre, et personne ne parle. Un quart d'heure après, nous sommes
hors de danger, sains et saufs. Alors seulement nous
nous retournons pour admirer à l'aise le casse-cou
sans pareil dont nous nous sommes tirés. Il n'y a pas
longtemps qu'il est accessible aux animaux, et c'est
à un duc de Saxe-Cobourg-Gotha que l'humanité en est
redevable.

Poussé par le goût des aventures, ou par tout autre
motif, ce prince était débarqué, quelques années auparavant, à Massaouah, pour aller chasser l'éléphant sur
les plateaux de l'Abyssinie. Dans la route que nous
suivions nous-mêmes, mais en sens inverse, la marche
de sa caravane fut entravée par la barrière insurmon-
table des montagnes du Mensah. Ce fut alors qu'il
traça ce sentier, c'est-à-dire que Son Altesse daigna
fumer quelques cigares, couché à l'ombre de sa tente,
pendant qu'on l'élargissait, et qu'on déblayait le terrain pour le rendre praticable aux chameaux. Puis,
lorsque tout fut terminé à peu près, le prince, dont les
États n'étaient pas, on le sait, d'une bien remarquable
étendue, après s'être encore avancé un peu plus loin,
s'imagina être presque, en raison de tant de travaux,
parvenu jusqu'au cœur de l'Afrique, — d'autant qu'il
avait aperçu trois éléphants à l'horizon, — et jugea

opportun de regagner les vaisseaux anglais qui l'avaient amené.

Comme lui, nous soupirions après la mer; et le lendemain, nous touchions aux confins de la plaine d'Azuz. Pour la seconde fois, elle se déroulait brûlante et immense à nos regards fatigués. Adieu les grands arbres verts du plateau; plus rien, à présent, que des broussailles roussies. Nous approchions du Samahr; on le devinait aux émanations torrides que le vent semait en soufflant, chaud et lourd, sur nos têtes.

Encore une halte le long du lit à sec d'un torrent élargi, d'année en année, par l'action de plus en plus désordonnée des eaux! C'est un 19 juillet, anniversaire de la fête de saint Vincent de Paul, le patron des Lazaristes. Pour la célébrer dignement, le P. Delmonte nous avait promis une surprise au repas de midi.

Cette surprise, la voilà tout à coup. C'est une boîte de sardines mise en réserve à cette intention. Elle est saluée avec joie. Cet écart au menu ordinaire, si modeste qu'il soit, nous paraît un festin. Quelques gouttes de vin oubliées à dessein au fond d'une bouteille achèvent de nous mettre en belle humeur. Après le dîner, nous nous groupons tous sous un maigre buisson au bord du torrent, et tout en disputant son ombre avare au soleil implacable dont les rayons nous gagnent peu à peu, nous nous livrons aux charmes de la dernière conversation qui nous réunira avant notre séparation.

De quoi parlons-nous, les uns et les autres? De nos

souvenirs, de nos espérances, de ce pays où nous voya-
geons, et de l'avenir qui l'attend. Et tout en interro-
geant ou en racontant, nous nous laissons aller à
écouter le P. Delmonte, qui, plus que nous tous, s'est
trouvé mêlé, aux côtés de Mgr de Jacobis, à quelques-
uns des événements qui l'ont ébranlé. Il nous retrace,
entre autres, l'historique de cette mission du comte
Russel, envoyé quelques années auparavant près de
Négoussié par l'empereur Napoléon, à laquelle la
France doit ses droits sur la baie d'Adulis, et dont,
avec son évêque, il suivit les émouvantes péripéties à
Halaï [1]. Tous les détails de son récit, comme du tableau
qui nous environnait, sont encore là, présents à ma
mémoire ; et ce fut sous le coup des diverses impressions qu'il éveilla dans nos esprits, que nous nous
remîmes en route.

Une chaleur accablante ; une course sans incidents,
sans attraits. Nous marchions, sans nous arrêter, sans
regarder. Nous avions hâte d'arriver. Enfin, voici notre
dernière nuit dans le désert. Autour de nous, le
sable, rien que le sable. Nous bivouaquons près d'une
mare dont il nous faut disputer l'eau saumâtre à des
bandes d'oiseaux innombrables et aux bestiaux qui en
piétinent les abords.

Néanmoins la fraîcheur m'en paraît délicieuse.

—Comme c'est bon de boire frais ! ne puis-je m'em-

---

[1] *Mer Rouge et Abyssinie.* — *Une mission en Abyssinie,* par
le comte Russel, chez Plon, Nourrit et Cie.

pêcher de penser, à mesure que le liquide humecte
mon gosier desséché.

Je portais sur moi un petit thermomètre de poche.
J'ai la curiosité d'examiner la température de cette
eau fraîche... Vingt-huit degrés !

L'air que nous respirons, il est vrai, en a quarante
et un. — Tout gît dans la comparaison.

Les feux allumés, Gœrguis s'était accroupi non loin
de moi. Immobile sur ses talons, la bouche close, l'air
important, c'était un signe certain qu'il mourait d'envie de prendre la parole.

— Eh bien ! Gœrguis, lui dis-je, voilà notre dernier
bivouac... Quelle chaleur !

— Oui. Ça me rappelle celui où l'étranger faillit
être massacré avec moi.

— Quel étranger ?

— C'était un jeune Frangui que j'accompagnais...

Ah ! il y a bien des hivers de cela. Ma barbe était alors
vierge de poils blancs, mon pied infatigable. J'habitais
Halaï, et du rivage de la mer aux bords du Taccazé,
pas un sentier qui ne me fût familier, pas un torrent où
je ne fusse descendu, pas un pic que je n'eusse gravi.
Ma renommée de chasseur s'étendait déjà loin. Ce
fut là ce qui attira l'attention de l'étranger sur moi. Il
était venu dans notre pays pour y chasser des animaux
qui, paraît-il, ne se rencontrent jamais dans le sien.
Il me proposa de le suivre. J'acceptai. Pendant des
mois, nous parcourûmes ensemble tout le Tigré et la

chaîne du Tarenta, lorsque j'eus l'idée de le conduire chez un chef des Chohos qui, bien que musulman, m'avait toujours amicalement reçu.

AISSA, LA BELLE FILLE AU TEINT D'OR.

Ce chef se nommait Hadji-Mabrouck (le satisfait), et vivait avec sa tribu dans la vallée de Dongoura, au fond du Djebel-Hyalloua. C'était une contrée presque inabordable alors, dont les habitants demi-sauvages continuaient encore à fermer l'accès à tous les étrangers, et qui relevait du Nahib d'Arkiko. Vieux alors, il avait été lui-même, dans sa jeunesse, un guerrier valeureux, et plus d'une légende, chantée par les jeunes filles, gardait la mémoire de ses exploits. A l'exemple de la plupart des chefs musulmans, il avait accompli le pèlerinage de la Mecque, et par deux fois touché du front le tombeau du Prophète. Le second de ses voyages fut le plus long. En compagnie de quelques marchands venus d'Égypte, il s'embarqua à Djeddah, et resta deux ans au Caire.

Lorsqu'il retourna parmi les siens, il ramenait avec lui une femme dont le regard d'aucun homme, il est vrai, ne distingua jamais les traits, conformément aux prescriptions de leur loi, mais dont les pieds et les mains étaient de couleur blanche, — ce qui ne s'était jamais vu, jusque-là, dans le Djebel-Hyalloua. Maint

récit étrange circula, à cette époque, sur le compte de
cette créature merveilleuse. C'était, prétendait le plus
grand nombre, une houri léguée en récompense par
le prophète Mohammed à son pieux serviteur; et l'influence, déjà grande, du chef s'accrut encore de cette
miraculeuse faveur.

Quelques mois après, il épousait une seconde
femme, la propre sœur du Nahib. Seulement celle-ci
ne quitta pas Arkiko, et s'installa dans une nouvelle
maison que Hadji-Mabrouck y construisit aussitôt,
pour retrouver, d'après les usages musulmans, un
second intérieur et une seconde famille, chaque fois
qu'il était appelé à y faire un séjour.

Puis, les années suivirent leur cours. Des enfants
naquirent à Mabrouck; ses deux femmes moururent;
la blanche d'abord, la sœur du Nahib ensuite. La première lui laissait une fille; de l'autre, il eut cinq fils,
et à la mort de leur mère, les emmenant avec lui à
Dongoura, il dit adieu à Arkiko, résolu, désormais, à
n'y plus revenir.

Or, bien du temps avait passé sur ces événements,
lorsqu'un jour, un bruit traversa le Djebel-Hyalloua.
Non loin de Dongoura, un étranger, un de ces blancs
dont la renommée y avait vaguement pénétré, se diri-
geait vers la vallée. Que voulait-il? D'où venait-il?
Des groupes animés de jeunes gens avaient saisi leurs
armes, et se préparaient à courir sus à l'audacieux.
Quelques-uns, plus impatients, avaient gravi les hau-

teurs afin de découvrir de plus loin. Le vieux Mabrouck, après quelques paroles prononcées pour calmer l'ardeur publique, s'était assis au seuil de sa maison, et attendait.

Tout à coup, un grand cri s'éleva de la foule. Je l'entends encore. C'étaient nous, qui débouchions du dernier défilé. Le Nahib d'Arkiko, pour mieux assurer la sécurité de l'étranger, l'avait fait accompagner d'un de ses serviteurs de confiance. Je m'avançai avec lui, laissant en arrière le jeune homme. Aussitôt reconnus, embrassés, nous vîmes les dispositions hostiles s'évanouir comme le soleil dissipe les nuages, et ce fut pour lui faire fête, au contraire, que la population de Dongoura tout entière se dirigea vers notre maître.

Il était à cheval; quatre domestiques portaient ses armes ou ses bagages. Arrivé devant la demeure du chef, il mit pied à terre. J'avais, en peu de mots, expliqué rapidement à celui-ci le motif qui nous amenait, et la protection bienveillante dont nous couvrait le Nahib.

— Sois le bienvenu parmi nous, seigneur franc, lui dit Hadji-Mabrouck en arabe; tant qu'il te conviendra, ma maison est la tienne!

L'étranger remercia dans la même langue, et tous ensemble, nous entrâmes dans l'habitation du chef. C'était un vaste enclos d'épines, situé tout en haut du village, au milieu duquel se dressaient cinq huttes de bambous et de roseaux. Deux d'entre elles paraissaient

mieux construites et se distinguaient par de grandes
nattes, finement tressées, dont l'extérieur était revêtu.
Nous nous assîmes dans l'une de celles-là, le menu
peuple demeurant au dehors, les notables seuls prenant
place sur les peaux de bœuf qui en jonchaient le sol.
Puis le café fut servi. C'était une délicatesse dont le
chef avait pris l'habitude dans ses voyages, et dont il
usait pour faire honneur à des hôtes distingués.

On causait peu. Mais tous les regards étaient tournés
vers l'étranger, dont les vêtements bizarres, non moins
que les armes extraordinaires, excitaient la surprise.
Les revolvers, déchargés au préalable, circulèrent de
main en main ; le secret de leur mécanisme, expliqué
et compris, devint un sujet inépuisable d'étonnement
et d'enthousiasme. Personne n'avait jamais soupçonné
les ravages de cette arme meurtrière. La carabine et
le couteau de chasse ne provoquèrent pas moins d'admiration. Mais, bientôt, la curiosité publique se concentra
presque exclusivement sur une petite sacoche en cuir,
bordée d'un cercle de cuivre doré, que le jeune homme
portait en bandoulière, et dont il avait refusé de se
débarrasser comme d'en montrer le contenu. Que
pouvait bien renfermer ce sac mystérieux ? Pourquoi
son propriétaire paraissait-il y attacher tant de prix ?
Toutes ces questions se formulaient à voix basse, sou-
lignées de coups d'œil sombres et de signes énigma-
tiques.

L'entrée d'un serviteur mit fin à cette scène muette.

Hadji-Mabrouck, se tournant vers son hôte, le prévint
alors que sa maison était prête. Afin de le mieux recevoir, il avait donné l'ordre qu'on disposât pour lui et
pour sa suite deux des cinq que renfermait l'enclos.
Puis, se levant, il le conduisit à son nouveau domicile.
La première des huttes, soigneusement nettoyée, garnie
de feuillage fraîchement cueilli, pourvue de peaux de
bœuf en abondance et de jarres pleines d'eau, demeurait affectée à son usage particulier, le cheval attaché
devant, à un piquet; la seconde était réservée à ses
gens.

Dès que l'étranger eut pris possession de son domaine,
il remit ses armes à ses domestiques, sans, toutefois,
se dépouiller davantage du petit sac; puis les bagages
furent apportés, la selle arrangée sur une peau, en
manière d'oreiller, pour qu'il pût s'y appuyer la tête,
et les ustensiles de toilette relégués dans un coin. Il
n'avait aucune idée de la durée du séjour qu'il devait
faire à Dongoura, ne se laissant, ici comme partout,
guider en cela que par sa convenance et le plaisir
qu'il éprouvait.

En venant, le délicieux aspect de la vallée l'avait
enchanté. Un ruisseau la sillonnait d'un bout à l'autre;
sur ses bords, les troncs noueux des oliviers sauvages,
des ébéniers, des citronniers, inclinaient leurs rameaux;
le parfum des jasmins se mariait à l'arome des hautes
herbes; les clochettes pourpre du cellacellé tranchaient
sur le vert sombre de ses feuilles; et plus haut, une

forêt d'arbustes odoriférants étageait, aux flancs de la
colline, ses festons embaumés. Çà et là, à mesure que
nous nous frayions une route à travers les lianes et les
fourrés, des troupes de pintades, de francolins et de
grosses perdrix s'étaient levées; des gazelles avaient
bondi; et nous avions aperçu des sangliers et des antilopes qui nous regardaient passer. Des oiseaux de toutes
les nuances sautillaient de branche en branche, des
papillons nonchalants déployaient leurs ailes diaprées.
Les pluies récentes avaient rafraîchi l'atmosphère; la
nature avait un air de fête. Et plus loin, comme une
barrière grandiose, tout un horizon de montagnes dont
les cimes dentelaient l'azur, et où le nopal et l'aloès
paraient de leur végétation puissante les rocs dénudés.
Où rêver un site plus merveilleux? Et le jeune homme,
en embrassant du regard le tableau déroulé devant lui,
assis maintenant à la porte de sa cabane, semblait se
dire que peut-être il serait doux de vivre là longtemps,
oublieux du monde et oublié de lui.

Perdu dans ses méditations contemplatives, la nuit
l'avait surpris. Les splendides constellations du ciel
d'Orient scintillaient au-dessus de sa tête; la croix du
Sud étincelait, l'obscurité était brusquement tombée;
et de la foule, si curieuse, si gênante tout à l'heure,
il ne restait plus, auprès de lui, que moi.

Soudain, tout près de nous, bercés par le calme du
soir, résonnent des accents mélodieux et plaintifs.
C'est une musique, c'est un rhythme à la fois doux et

grave, dont une voix jeune module les notes au hasard
de l'improvisation. L'étranger écoute ; on dirait que
cette harmonie sauvage exerce sur lui un charme mystérieux. Il prête l'oreille :

— Gœrguis, qui chante ainsi? me demande-t-il.

— C'est Aïssa, la belle fille au teint d'or, comme
on l'appelle, la propre fille de Hadji-Mabrouck et de
la femme blanche qu'il avait épousée d'abord.

— L'as-tu jamais vue?

— Non. Mais je sais son histoire. Élevée par sa
mère, et vivant seule avec elle durant les fréquentes
absences de son père, elle a, en partie, hérité du teint
de celle-ci, et lui doit son surnom pittoresque. On la
dit également fort belle, mais sa beauté est loin d'être
l'unique avantage dont l'ait dotée sa naissance. Sa mère
lui a enseigné des sciences ignorées, et dans la tribu,
se répètent, tout bas, sur son compte, des choses sur-
prenantes. Elle a été vue, parfois, la nuit, s'échappant,
pour courir à travers la campagne, et ramasser, en
chantant, à la lumière des astres, certaines plantes
dont, ensuite, elle compose un breuvage qui guérit les
malades et conjure la mort. Lorsqu'elle était enfant,
alors que l'âge ne l'obligeait pas encore à se voiler la
figure, un jour qu'elle s'était écartée du village, un
vieillard, étranger à la contrée, qu'on ne revit jamais,
sortant tout à coup d'un buisson près duquel elle s'était
assise, lui prit la main et lui déclara qu'elle aimerait
un seigneur de la même race que sa mère, qu'elle en

serait aimée, mais mourrait tuée par·lui. Depuis ce moment, Aïssa, sans peur de la prédiction, vit dans l'attente de l'amant illustre qui lui est annoncé, et chante en l'appelant. Le populaire ressent pour elle je ne sais quelle crainte superstitieuse, et l'entoure d'égards qu'il refuse aux autres femmes. Cette hutte voisine est la sienne. C'est là que les plantes cueillies par elle reçoivent, en se transformant sous ses doigts, leurs vertus surnaturelles. Nul n'y pénètre, pas même son père. Elle n'en sort que le soir. Ses chants saluent la présence du seigneur frangui, et lui souhaitent la bien-venue au pays de Dongoura.

Au même moment où je terminais cette explica-tion, la voix de la jeune fille se tut également, et tout rentra dans le silence. Le lendemain matin, quand l'étranger s'éveilla, une esclave était à sa porte, une jatte de lait à la main, et deux chevreaux derrière elle. C'étaient des présents d'Aïssa. Un joli miroir et une belle écharpe de soie rouge lui furent adressés en remercîment. Le soir, les chants reprirent.

Quelques jours s'écoulèrent. Aïssa demeurait invi-sible. Ses accents seuls, dès que la vallée dormait, montaient chastement dans les airs et jetaient leurs refrains amis à l'étranger. Celui-ci employait le temps à chasser. Je l'accompagnais toujours, tantôt nous lançant à travers les fourrés de la plaine, tantôt gra-vissant les rampes de la montagne. Mais jamais nous ne rentrions sans qu'il rapportât, pour la jeune fille, quelque gerbe de fleurs ou quelque oiseau brillant que j'allais remettre, en son nom, à l'esclave habituelle. Les habitants s'étaient, peu à peu, accoutumés à lui; la couleur de sa peau ne leur semblait plus aussi extraordinaire, ses vêtements et ses armes ne provoquaient plus autant de surprise. Un unique point continuait à faire travailler leurs esprits : que renfermait le sac dont il ne se séparait jamais? Je n'en savais, moi-même, pas plus qu'eux.

Cependant, il s'était, à la fin, décidé à partir. Ce devait être le lendemain. Déjà Hadji-Mabrouck avait été prévenu. Je m'occupais des préparatifs. Il était lui-même à quelque distance de l'enclos, assis sur une grosse pierre, ses regards errant sur l'horizon. A quoi pensait-il? A deux ou trois reprises, en allant lui demander quelques instructions, j'avais cru voir des larmes dans ses yeux. La dernière fois, le fameux sac gisait ouvert à ses pieds. J'y jetai un coup d'œil; plus rien dedans. Il en avait extrait des papiers, des lettres jaunies, qu'il feuilletait et relisait. C'était cette heure mélancolique où les rayons du jour s'éteignent dans les ombres de la nuit. En approchant, je l'entendis soupirer. Sans doute, il évoquait le fantôme lointain de ce qu'il avait aimé, de ce qu'il avait quitté. Dans ces moments-là, je le sais, l'homme souffre et l'âme pleure. Mon pas le fit tressaillir. Je lui dis que les feux allaient tomber, et que son repas était prêt.

— C'est bien, j'y vais, répondit-il.

Et je rentrai. Mais nous l'attendîmes vainement. Il
ne vint point. Je retournai à la place où je l'avais
laissé. Plus personne. Qu'était-il devenu? J'allais donner l'alarme, lorsqu'une main me toucha l'épaule.
C'était l'esclave d'Aïssa, un doigt sur la bouche, et
m'indiquant du geste un massif de broussailles, bien
au delà des dernières maisons.

— Silence, me dit-elle. Ils sont là.

Je compris. Et plus tard, lui-même me retraça tous
les détails de l'aventure. Ils sont toujours présents à
ma mémoire.

Il se levait pour me suivre, lorsque cette même
esclave avait paru inopinément devant lui. D'un signe
elle l'arrêta, et le prenant par le bras, l'entraîna à
quelque distance jusqu'à une touffe de tamarins et de
lauriers, perdue dans un pli du terrain. Intrigué, il se
laissait faire. Puis, dans le sombre des arbres, quelque
chose de blanc se distingua vaguement. Ce quelque
chose remua, dès qu'il fut près. C'était Aïssa.

Elle était bien belle, Aïssa, de cette beauté tour à
tour langoureuse et passionnée qui rend fou, de cette
beauté dont les filles du désert, sorties de noble race,
gardent le privilège. A la lueur tamisée de la lune,
dès que la femme eut disparu, rejetant son voile, elle
découvrit un adorable visage d'une teinte dorée, en
effet. Deux yeux veloutés, au-dessus d'une petite bouche
finement arquée et d'un nez mignon légèrement aqui-
lin, deux grands yeux profonds, y traçaient leurs éclairs,

et les lourdes tresses d'une soyeuse chevelure noire l'encadraient.....

— Il allait donc partir, cet ami inconnu que lui avait envoyé le destin, elle venait de l'apprendre, partir à jamais, sans qu'elle eût tenté de se rapprocher de lui, sans que même le son de sa voix eût frappé son oreille! Bien souvent, il est vrai, derrière les fentes de sa natte, elle l'avait aperçu, elle l'avait admiré. Mais, lui, la connaissait-il? Ses chants lui pouvaient-ils laisser, de celle qui les disait, autre chose qu'un souvenir indécis et flottant? Et le perdre ainsi, elle qui, silencieusement, sans se l'avouer, sans le comprendre au début, avait, tout ce temps-là, vécu de lui!... Oh! non. Le déchirement était au-dessus de son courage. Elle voulait que, séparés, il pût, ne fût-ce qu'en rêve, la revoir et la retrouver toujours... Et elle était venue.

Et alors, dans le réduit le plus reculé de leur asile obscur, les deux mains enlacées, près, tout près l'un de l'autre, ils s'assirent sur la mousse... Et déjà, la calandre matinale jetait à la terre endormie ses premiers cris d'éveil, qu'isolés du reste du monde, par une commune extase, ils se répétaient encore qu'ils s'aimaient...

Et le lendemain, l'étranger ne partit pas.

Deux semaines s'écoulèrent. Chaque nuit réunissait ainsi les deux amants au fond du même abri. On ne parlait plus de départ.

Un matin, cependant, Hadji-Mabrouck, qui ne manquait jamais d'honorer l'hôte confié à ses soins d'une visite quotidienne, arriva plus soucieux que d'ordinaire, avec l'un de ses fils, et lui demanda s'il ne comptait pas reprendre prochainement le chemin d'Arkiko.

Cette question était trop en désaccord avec les coutumes de l'hospitalité orientale pour ne pas exciter l'étonnement de l'étranger. A force d'instances, il finit par en obtenir la raison.

Bien que solidement assise parmi les siens, l'autorité d'Hadji-Mabrouck ne s'étendait point jusqu'à certaines fractions des Chohos, dont l'humeur turbulente la repoussait aussi bien que celle du Nahib, et qui ne se rattachaient à ceux de Dongoura que par les liens fictifs d'une même origine. Or, la nouvelle de l'apparition d'un Frangui, sur un coin du territoire qu'à ce dernier titre ils regardaient comme partie intégrante du domaine commun, était parvenue jusqu'à leurs repaires. On le dépeignait possesseur de richesses immenses. Il n'en fallait pas tant pour allumer leur cupidité, et le vieux chef venait d'être informé qu'une députation nombreuse de ces gens allait se rendre auprès de lui pour le pousser à dépouiller, sinon à massacrer, son hôte, et à réclamer ensuite leur part de butin.

Et désignant alors le sac aux papiers flétris :

— Dans le pays, ajoute-t-il, on prétend que tu caches là un trésor.

Le jeune homme sourit et se borna à répondre qu'il ne redoutait rien. Mais, quand il se leva pour saluer le chef et son fils, il surprit, dans les yeux de celui-ci, une étincelle de convoitise et de menace.

Les hommes annoncés ne tardèrent pas à arriver, et se répandirent dans le village. Quelques-uns avaient été reçus chez Hadji-Mabrouck lui-même, et rôdaient tout autour de la hutte de l'étranger. Leur maintien arrogant, leurs mines provocatrices révélaient claire-rement leurs intentions et leurs désirs. Bientôt, les dispositions pacifiques, même bienveillantes de ceux de Dongoura, retournées par les excitations et les menées des nouveaux venus, se changèrent en une attitude hostile. La perfidie accomplissait son œuvre, et une rumeur tumultueuse, grossissant de proche en proche, se leva comme le prélude imminent de quelque sanglante catastrophe.

Les plus marquants de la tribu, poussés et suivis par les autres, s'étaient groupés devant la demeure du chef, et vociféraient contre l'étranger. Ce ne fut pas sans peine que Hadji-Mabrouck parvint à les calmer et à les disperser. Mais, dès que le dernier d'entre eux se fut éloigné, il accourut près de son hôte.

— Il n'y a plus à hésiter, lui dit-il, il faut partir, et partir sans retard. Aujourd'hui, tant que tu reposes sous le toit d'Hadji-Mabrouck, sa parole te couvre encore. Mais peut-être demain serait-elle impuissante. Avant tout, il doit mettre en sûreté ta vie, aussi bien

que son honneur. Cette nuit, à la faveur des ténèbres,
tu descendras la vallée, et je veux que l'aube te trouve
déjà loin. Mon propre fils sera ton guide. Adieu donc,
ô étranger! Que la mémoire du vieux chef ne meure
pas tout entière en ton cœur! Ta présence lui a rappelé les années heureuses de sa jeunesse, ses voyages
au pays des hommes blancs. Va!... Maintenant, il te
remet à Dieu, et ses vœux t'accompagnent au foyer de
tes ancêtres.

Les bourdonnements du jour s'éteignaient à peine
que, déjà, le fils d'Hadji-Mabrouck, tout prêt, sa
lance à la main, son bouclier au bras, stimulait les
préparatifs de la fuite. Il n'y avait pas à lutter, pas à
différer, il fallait partir, et partir sans revoir Aïssa.
C'était bien, cette fois, un adieu, un adieu pour toujours, sans un mot, sans une caresse, sans une étreinte.
Pauvre Aïssa! Pauvres jeunes gens!

Nous marchâmes toute la nuit. C'était la saison des
orages. L'atmosphère était chaude, le temps lourd,
comme ce soir. Pas un souffle de vent pour rafraîchir
l'air. Au lever du jour, pas un cri d'oiseau, pas un
rayon de soleil. Une lumière jaune et blafarde pesait
sur l'horizon. Tous les signes précurseurs de la tempête s'amoncelaient au-dessus d'un morne paysage.
Bientôt un mugissement sourd gronda dans le lointain,
une raffale siffla, et l'ouragan se déchaîna. A la hâte,
nous cherchâmes refuge dans un creux de la montagne. Le peu de clarté qui subsistait encore s'éva-

nouit. Une nuée gigantesque enveloppa la nature, et
une trombe de sable s'abattit autour de nous.

Puis elle passa ; et aux éclats formidables du tonnerre
répercutés par l'écho des rochers, des avalanches
d'eau succédèrent, roulant dans des ornières fangeuses,
dans des ravins sans fond, tout un monde de débris
informes, de cadavres d'animaux, de terres éboulées,
de troncs d'arbres fracassés.

Au bout d'une heure, le ciel recouvrait sa sérénité,
les gouttes humides scintillaient aux feuilles, la corolle
repliée des fleurs se rouvrait, l'aigle et le vautour
reprenaient leur vol, le sol détrempé se séchait, et la
caravane se remettait en route. Mais, malgré le peu de
durée de cet arrêt, notre itinéraire s'en trouvait néanmoins modifié ; et au lieu de franchir en une journée,
ainsi que nous l'avions espéré, les redoutables défilés
des Djebel-Hyalloua, nous étions contraints d'y camper
une nuit encore. L'éloignement considérable du premier puits de la plaine ne nous permettait plus d'en
atteindre le bord avant la nuit.

Telle fut du moins l'explication invoquée par notre
guide. Les sentiers tortueux, défoncés par la pluie,
n'offraient, en effet, qu'un difficile accès ; le cheval
de l'étranger bronchait sur les cailloux, les hommes
glissaient, le trajet s'effectuait avec une désespérante
lenteur. Chacun, exténué, soupirait après l'heure de
la halte. Nous côtoyions, entre deux falaises à pic, le
lit resserré d'un torrent. En un endroit, une brusque

déchirure de la roche nous montra une large place sablonneuse et dégagée, comme un carrefour sorti des entrailles terrestres. Et, tout autour, des rampes escarpées, des murailles de granit; on eût dit le fond d'un immense entonnoir. Nous étions arrivés.

Un trou circulaire, ménagé dans le sable, laissait filtrer un peu d'eau. De la crête, un fouillis de lianes, de mimosas et de lentisques descendait en grappes épaisses jusqu'au bas. Des singes gambadaient au travers. De ses deux coups de fusil, le jeune homme les mit fuite, et au pied même de ce rideau de feuillage, sous les plus longs rameaux qui se projetaient en avant, nous déployâmes sa peau de bœuf. Soucieux et fatigué, son arme déchargée sous le bras, il s'y laissa tomber. De cette place il apercevait, à sa droite, le chemin par où nous étions venus, tandis qu'à gauche le rempart de la montagne s'allongeait vers le ciel.

Le repas terminé, chacun imita son exemple, et s'étendit auprès du feu. Quelques instants plus tard, sauf celui de nos gens chargé de faire sentinelle, tout le monde dormait; et le cheval entravé ruminait plus loin.

La nuit était encore profonde; à peine si, vers l'Orient, un coin du ciel commençait-il à blanchir faiblement, lorsque je m'éveillai. Je ne sais quelle angoisse inexplicable m'oppressait. Je regarde autour de moi. Plus de feu. Des derniers tisons à demi consumés, sort encore un mince filet de fumée. Il doit y avoir longtemps qu'aucune main n'y a touché. Les domestiques, roulés dans leurs couvertures, reposent en toute tranquillité. Mais point de guide... Où est-il? Un soupçon me traverse l'esprit. Il a rejoint les siens pour les amener ici. Pas une minute à perdre. Vite! J'éveille le maître. On ramasse les bagages à la hâte... Et le cheval? Il a disparu également. Peu importe, on partira sans lui. Enfin, on est debout, on est prêt... En route!...

Trop tard!

Un bruit confus, tel que celui des eaux qui montent d'une rivière débordée, nous arrive par le chemin même que, la veille, a suivi la caravane. Du moins, dans l'autre sens la voie reste ouverte. Par là, on peut fuir. Hélas! non. Dans cette direction aussi, même tumulte. Nous sommes cernés. Point d'issue; c'en est fait, nous allons périr. Mais ce ne sera pas sans combat. L'étranger a vu d'autres champs de bataille dont il est revenu. Il nous encourage; le fusil à la main, l'homme du Naïb et moi, nous nous serrons à ses côtés. Dieu, et nos armes après lui, peuvent encore nous sauver. Les autres, terrifiés, sans haleine, s'affaissent sur eux-mêmes.

Le bruit redouble; la horde n'est plus loin. Des hurlements de joie sauvage retentissent. A droite et à gauche, les voilà...

— Attention, mes amis! nous crie le jeune Frangui.

Et tous les trois nous épaulons nos carabines. Soudain, dans la broussaille contre laquelle nous sommes adossés, des feuilles sont froissées, des branches sont brisées... Sont-ce de nouveaux assaillants qui surgissent du sein même de la terre ? Involontairement nous nous retournons. Non ! c'est le salut. Une grosse touffe de verdure, écartée vivement, découvre un espace vide ; une main se tend par là ; une voix appelle :

— Par ici ! par ici !

C'est Aïssa... Aïssa dont on ne s'est pas méfié à Dongoura, Aïssa qui, de sa maison, a tout vu, tout entendu, qui a appris ainsi la trahison de son frère, le danger de son ami, et qui n'a pas hésité. Les courses nocturnes d'autrefois lui ont enseigné jusqu'aux détours les plus secrets des montagnes. Elle en connaît tous les ravins, tous les sentiers... Aussitôt la nuit venue, elle court, elle vole. Elle arrive à temps.

Nous nous précipitons vers l'issue qu'elle nous ouvre, et disparaissons sur ses pas. Une clameur de rage nous poursuit. De roc en roc, de racine en racine, de liane en liane, meurtris, déchirés, nous escaladons la rampe et dominons l'abîme, invisibles à nos ennemis. Nous atteignons le faîte. Une pointe en saillie, suspendue au-dessus du torrent, va presque rejoindre l'autre bord. Un tronc d'arbre en travers sert de pont.

— Passez vite ! dit Aïssa, en nous le montrant. Ils grimpent derrière nous, et vont être bientôt là. Hâtez-vous.

— Et toi? dit le jeune homme.

— Moi, je vous suis... Non! je reste! s'écrie-t-elle, dès que nous avons traversé; je reste et je meurs.

Et l'arbre qu'elle a repoussé du pied roule avec fracas dans le gouffre.

Frappés de stupeur, nous nous arrêtons. Impossible de retourner à elle. Les bandits sont déjà en haut, et le frère d'Aïssa bondit sur sa sœur qu'il saisit aux cheveux. Ivre de fureur, il lève son poignard; de l'autre rive, l'étranger l'a mis rapidement en joue : fatalité! Les deux chiens s'abattent avec un bruit sec; l'arme n'a pas été rechargée la veille. Et c'est la jeune fille qui, sous nos yeux, retombe égorgée en criant encore :

— Adieu! n'oublie pas Aïssa.

Oh! non! Il ne l'oublia point, je m'en porte garant. Nous l'entraînâmes, malgré lui, sous une grêle de traits qui ne nous atteignirent pas; et pendant près de deux mois, à Massaouah, il languit, frappé au cœur. Puis, un beau jour, un navire de son pays mouilla dans le port, il s'y embarqua, murmurant toujours le nom d'Aïssa, la belle fille au teint d'or. Depuis, on ne le revit jamais.

CHAPITRE XI

Le récit n'était pas gai. J'essayai vainement de
dormir. Je n'avais pas encore fermé l'œil, lorsqu'il
fallut se remettre en route. Mais j'avais en perspective
un repos dont il m'allait être permis de savourer les
jouissances dans toute leur plénitude. En effet, avant
midi, nous touchions au terme du voyage et nous
saluions, en nous séparant, les premières cabanes de
Moukoullo.

Quelques mois plus tard, hélas! dès le début de son
œuvre, Mgr Bel succombait.

Je le vois encore, lorsque, sur le point de revenir
en France, je lui adressais d'irrévocables adieux.
Au fond de son regard attristé, se lisaient, avec la
résignation du martyr, toutes les désespérances de
l'exilé! Le climat insalubre de Massaouah le tuait. Il
le savait, et il restait... Qu'on me pardonne ce retour
personnel à de pénibles souvenirs! Mais, puisque le
nom du vénérable évêque s'est rencontré dans ces pages

frivoles, je ne saurais le prononcer sans payer au caractère de l'homme, aux vertus du chrétien, au dévouement de l'apôtre, le tribut légitime d'une douleur et d'un respect qu'ont partagés tous ceux qui le connurent.

Puis, après lui, ce fut le tour du P. Delmonte.

Quant aux Bogos, à l'heure présente, leur sort n'est guère plus enviable que lors de mon séjour parmi eux. La mission catholique est bien toujours là, prête à jeter sur leurs besoins toutes les consolations du spirituel. Elle y a même transporté son principal siége, et Mgr Touvier, le successeur de Mgr Bel, a établi sa résidence à Keren.

Mais, pour le temporel, c'est autre chose. M. Münzinger, médiocrement satisfait, sans doute, des minces émoluments du vice-consulat de France à Massaouah, réfléchit judicieusement, après 1870, qu'un changement de front opportun pourrait lui être plus profitable, et il tourna les regards du côté de S. A. le khédive Ismaïl-Pacha, en lui suggérant l'idée d'asseoir sa domination chez les Bogos.

Ce projet, examiné, puis accueilli au Caire avec faveur, c'était à l'auteur du programme qu'en devait naturellement revenir l'application. Créé bey et gouverneur de Massaouah pour le compte de l'Égypte, puis pacha, l'ancien protecteur des chrétiens d'Éthiopie devint leur ennemi du jour au lendemain, — ennemi d'autant plus redoutable qu'il avait vécu plus longtemps

dans leurs rangs. Conduits par lui, les bataillons égyptiens envahirent, sans représailles à craindre cette fois,
le pays des Bogos, et ils s'y installèrent.

A partir de ce moment, campés au pied des premiers contre-forts éthiopiens, ils en surveillèrent les
défilés, attendant l'occasion d'y pénétrer sans trop de
risques. Elle s'offrit enfin, ou du moins ils le crurent;
et les convoitises ambitieuses d'Ismaïl-Pacha, surexci-
tées par les conseils intéressés de son entourage, ne
tardèrent pas à prendre leur élan. Il allait lui être
fatal.

Münzinger-Pacha, avec un corps de 1,200 hommes,
devait tourner l'Abyssinie à revers par Zeilah. Parvenu
sur les bords du lac Aoussa, à mi-chemin de la possession française d'Obock, encore inoccupée, et du Choah,
il fut surpris durant la nuit par le roi de ce petit
royaume, allié des Abyssins, et il vit la plus grande
partie de ses troupes massacrées sous ses yeux. Lui-
même, grièvement blessé, dut reprendre avec leurs
débris le chemin de la côte. Sa femme, celle-là même
dont nous avions célébré le mariage à Keren, l'avait
suivi. Elle ne le quitta point, et tandis qu'on le portait
gisant sur un angareb, elle continuait à l'entourer de
ses soins. Mais il ne put supporter le trajet et mourut
en route. Sur ce point, l'incident fut, on le voit, rapidement dénoué, et ne se renouvela point.

Dans la région de Massaouah, le drame se prolongea
davantage, et fut encore plus terrible. Une armée de

5 à 6,000 hommes, sous les ordres d'un officier danois au service de l'Égypte, le colonel Ahrendroop-Bey, pénétrait, en 1877, dans le Tigré, sur trois colonnes. Lui-même commandait la première.

A mesure qu'il avançait, le négus Johannès reculait, détruisant tout sur son passage, et faisant le désert au-devant des envahisseurs. Il atteignit ainsi, suivi à peu de distance par l'ennemi, Goundet, sur le Mareb. Les Égyptiens passèrent le fleuve derrière lui ; même une escarmouche de peu d'importance eut lieu sur la rive gauche. C'était la première, et pour les mieux aveugler, l'avantage leur avait été soigneusement réservé par Johannès. Puis, le soir, ainsi que nous l'avions fait quelques années auparavant, au même endroit, avec Dedjatch Haïlou [1], sur toute la lisière du camp, des feux furent allumés et entretenus avec soin.

Pendant ce temps, toujours comme nous, à la faveur des ténèbres, le Négus et toute son armée remontaient en silence les positions ennemies. Les illusions et la négligence étaient telles de ce côté, qu'au lever du soleil, il arrivait à cinq cents pas à peine du corps égyptien sans avoir été signalé. Masqué par des bois et des collines, il attendit sans bruit que la colonne se formât et se mît en mouvement, l'observant à distance. Bientôt se présenta une gorge étranglée, bordée, de chaque côté, de falaises escarpées. Sans plus de défiance et sans

---

[1] Voir *Mer Rouge et Abyssinie.*

LE CANAL DE SUEZ A TRAVERS LE DÉSERT.

plus de précautions que la veille, l'ennemi s'y engagea.

Ce fut le signal. Rapides comme la foudre, les Abyssins s'élancèrent et tombèrent sur lui. Le massacre fut horrible. Entassés les uns sur les autres, dans ce boyau resserré, sans pouvoir se retourner contre des assaillants invisibles, les malheureux musulmans, incapables de faire usage de leurs armes, furent égorgés jusqu'au dernier. Un obusier et une mitrailleuse, dont ils étaient munis, ne purent pas même être mis en batterie. Tous y périrent, et leurs cadavres abandonnés demeurèrent la proie des vautours et des bêtes féroces. Seuls, les restes du colonel Ahrendroop, reconnus par un Français accidentellement au camp du Négus, purent être ensevelis. Mais il ne survécut pas même un soldat fugitif pour aller porter la nouvelle du désastre au deuxième corps qui marchait derrière.

Ainsi que le premier, celui-là, que commandait Arakiel-Bey, successeur de Münzinger-Pacha à Massaouah, fut attaqué à l'improviste par le Négus, et subit le même sort. Un officier hongrois, le comte Zichy, qui s'y trouvait, ramassé couvert de blessures sur le champ de bataille, mourut cinq jours après.

Le troisième, vaguement averti, eut le temps de battre en retraite. Mais atteint et harcelé dans sa marche, il ne rentra à Massaouah que décimé et épouvanté.

La terreur était au comble dans cette ville. Tout autre vainqueur que des Abyssins y fût entré sans coup férir, et elle était mise à sac. Mais Johannès, dont les capacités étaient loin d'être en rapport avec la fortune, et surtout avec le rôle que l'Europe eut parfois la veilléité de lui voir jouer, s'arrêta dans l'Hamacen, croyant la guerre terminée et n'en demandant pas davantage.

C'était peu connaître Ismaïl-Pacha... Être battu par des sauvages ! Ce fut un cri de fureur à la cour du Caire. On ne pouvait rester sous le coup de cet affront. Une expédition formidable fut décidée, et plus de vingt mille hommes réunis. Tout ce qu'on avait pu découvrir de bâtiments pour les transporter, vapeurs, voiliers, samboucks, etc., avait été requis; jusqu'aux deux yachts du Khédive ! Depuis longtemps l'Égypte n'avait été témoin d'un pareil déploiement de forces.

Elles furent placées sous le commandement suprême du prince Hassan, un des fils du Khédive, celui-là même dont le général Wolesley réclamait naguère la présence auprès de lui à Dongola. C'était le guerrier de la famille. Il avait fait autrefois ses études militaires à Berlin, et revenait maintenant, encore tout chaud, de la guerre contre la Russie, où, sans avoir donné, il s'était décerné à lui-même le titre du « de Moltke de l'Orient » :

— Moi et de Moltke, disait-il volontiers...

Reghib-Pacha, généralissime de l'armée égyptienne, l'accompagnait avec tout un état-major d'officiers américains et autres...

On partit, et l'on débarqua sans encombre à Massaouah... Ensuite, lorsqu'on se fut un peu reposé, lorsque les premières reconnaissances eurent été lancées, et qu'on se fut bien convaincu de l'effroi de l'ennemi, les colonnes s'ébranlèrent, et l'on entra en Abyssinie par les Bogos, cette fois...

La rencontre eut lieu à Goura... Quel désastre pour le corps expéditionnaire ! Les soldats égyptiens, terrifiés, devenus fous, se laissaient frapper, sans essayer même de résister, par cet ennemi étrange qui bondissait, en hurlant, au milieu de leurs rangs. Le massacre ne s'arrêta que lorsque les Abyssins, fatigués de tuer, y renoncèrent. Le prince Hassan, Reghib-Pacha, et les officiers américains furent faits prisonniers.

En reconnaissant des Européens — ou soi-disant tels — parmi les musulmans, le Négus, furieux de ce qui lui paraissait, chez des chrétiens, une trahison, voulait tout d'abord, suivant une antique coutume, leur faire subir le supplice dont la vengeance de Fulbert frappa jadis Abeilard.

Les conseils du même Français parvinrent à sauver les malheureux officiers de cette mutilation. L'empereur résolut alors de savourer d'une autre manière les joies de son triomphe.

Assis sur son trône, revêtu de la pourpre impériale, entouré de ses grands feudataires, derrière lui, son armée en bataille, la cavalerie aux ailes, il ordonna que *tous* les captifs eussent leurs vêtements enlevés. Puis, dans cet appareil, nus comme le premier homme avant sa faute, ils défilèrent devant lui. Le spectacle était vraiment grandiose; cette pompe barbare, ce peuple frémissant de sa victoire, ces cris d'enthousiasme, ce merveilleux cadre du ciel bleu et des montagnes éthiopiennes... tout était fait pour grandir la scène.

En passant au pied du trône, chacun des prisonniers était obligé de s'accroupir et de marcher sur les genoux. Aucun n'échappa à cette cérémonie, le prince Hassan pas plus que les autres; car loin d'avoir combattu vaillamment et réussi à s'enfuir à Massaouah, comme on l'a raconté, il servit, au contraire, de principal ornement à cette apothéose. On raconte même que, par un raffinement de spirituelle malice, le vainqueur lui aurait fait tatouer, sur ses bras musulmans, deux croix, dont le malheureux ne put parvenir, à peu près, à effacer la trace que plus tard, à grand renfort d'argent et au prix de vives souffrances, par un médecin de Berlin.

Restait à débattre la question de la rançon. Le montant en fut fixé à 5 millions de thalaris, — environ 25 millions de francs. Tout l'argent du trésor khédivial épuisé y passa, et ce fut à ce moment que les créanciers de l'Égypte commencèrent à ne plus toucher leurs coupons. Les sommes mises de côté à leur intention prirent le chemin de l'Abyssinie. Comme le Négus ne voulait ni de l'or ni du papier, il fallut des caisses énormes et en quantité pour emballer ces monceaux d'argent. A Suez, où elles furent embarquées, on répandait le bruit que c'était de la glace destinée à l'état-major en campagne...

Est-il besoin d'ajouter que ces faits furent alors, en Égypte, soigneusement cachés au public? Il fallait absolument lui donner le change et transformer la catastrophe en succès. Un dernier arrangement, conclu entre les deux parties au sujet de la province des Bogos, y contribua. Le Khédive fit habilement miroiter aux yeux inquiets du Négus la personnalité de l'Angleterre, derrière celle de Gordon-Pacha, alors gouverneur du Soudan, et obtint par là qu'elle demeurerait en sa possession, à la condition de lui payer un tribut annuel de huit mille thalaris. C'était pour rien.

L'honneur, ainsi, était sauf, Allah plus satisfait et plus grand que jamais, et la vérité n'avait qu'à se tenir cachée, une fois de plus, au fond de son puits. Dans ce pays de chaleurs, il est rare, du reste, qu'elle tente sérieusement d'en sortir.

Si la France l'avait voulu, dès ce moment, elle eût pu se ménager, en Abyssinie, une situation qui lui eût permis, plus tard, d'intervenir avec fruit en Égypte, et d'y conjurer, en partie, les conséquences funestes provoquées par l'intervention de l'Angleterre. Elle le pourrait encore, en se décidant, pendant qu'il est temps, à jeter les bases d'un établissement colonial dans la baie d'Adulis, ainsi qu'elle a inauguré une station maritime à Obock.

Les circonstances s'y prêtent. L'apparition inopinée

des Italiens à Massaouah, en dépit des artifices de leur langage, n'est point de nature à rassurer le Négus. Puis, en s'annonçant aux populations indigènes comme les amis des Turcs, des Égyptiens et des Anglais, la proclamation de leur amiral a découvert le moyen ingénieux de grouper, dans une seule phrase, les trois raisons le mieux à même de provoquer chez elles les défiances et la haine. La place n'est donc pas encore prise, et le rôle de la France est tout indiqué. Elle n'a qu'à se manifester, en mettant le pied purement et simplement, sans bruit, sans éclat, sur ces rivages dont la propriété légitime lui a été transmise.

Séparé entièrement du bassin d'Arkiko et de Massaouah par le Djebel-Gueddam qui les divise, celui de la baie d'Adulis n'a, pour entrer en contact direct avec l'Abyssinie, à emprunter au premier ni ses routes ni ses ressources. Le coup d'œil éclairé et le jugement pratique du comte Russel ne s'y trompèrent point, en même temps qu'il en reconnaissait toute l'importance stratégique. Le véritable débouché de l'Abyssinie vers la mer, c'est cette baie d'Adulis dont le génie de l'antiquité avait fait l'entrepôt du commerce éthiopien, et où les anciens avaient ouvert, en suivant les vallées que protégent les montagnes du fond du golfe, un chemin qui, en deux jours, amenait à eux les riches caravanes des plateaux supérieurs.

Ce chemin-là, où s'engageaient leurs pères, les peuples chrétiens d'Éthiopie sauraient le retrouver

pour venir à elle, le jour où ils auraient appris qu'il les
conduit désormais vers la grande nation d'Occident en
qui les traditions leur enseignent à vénérer la protectrice
séculaire de leur foi. Par une heureuse exception, que
rencontrent trop rarement, avouons-le, nos tentatives
de colonisation, voilà donc, sur ces bords, les sympathies populaires qui, d'avance, nous sont acquises.
D'autre part, leur souverain, inquiet, circonvenu,
n'ignore point qu'il trouverait dans notre présence un
point d'appui pour se soustraire à des avances ou
résister à des obsessions qui l'ont à leur merci, et sur
le caractère desquelles il n'en est plus à s'abuser... Le
traité que, naguère, lui dictait l'amiral Hewet n'est
point effacé de sa mémoire!

Cependant elle a été loin de procurer à l'Angleterre
les avantages que, sans doute, elle s'en promettait,
cette ambassade retentissante. Les termes de la conven-
tion que rapporta l'envoyé britannique rappelèrent,
en quelque sorte, la légende du malheureux troupier
contraint de suivre, malgré lui, le Bédouin qu'il avait
fait soi-disant prisonnier, parce que celui-ci ne voulait
pas le lâcher. Le Négus était autorisé à occuper, si bon
lui semblait, et s'il le pouvait, les villes de Khassala et
d'Amedib (?), parce que les troupes égyptiennes étaient
obligées de les évacuer; et le territoire des Bogos lui
était rendu parce qu'elles se trouvaient hors d'état de
continuer à les garder.

Mais ces derniers ne l'entendent pas ainsi, et pour ce

qui les concerne, paraissent peu disposés à ratifier des
dispositions prises en dehors d'eux. Le pouvoir des empereurs d'Éthiopie n'est plus aujourd'hui, on ne l'ignore
pas, ce qu'il fut jadis, et si l'impuissance actuelle de
l'Égypte ouvre de nouveau la porte aux déprédations de
leurs ennemis héréditaires, ce n'est point l'autorité
nominale ni le prestige évanoui du Négus qui pourront
les en garantir. La preuve s'en est faite récemment. Un
jour, en effet, les hommes d'Osman-Digma sont apparus;
et tandis qu'éperdus derrière les murailles du fort qui
domine Keren, où ils sont encore, les soldats égyptiens
se gardaient bien d'en sortir, ceux-ci se livraient,
sous leurs yeux, à tous les excès qu'engendre cette
guerre sauvage. Qui intervint alors pour sauver les
malheureux habitants? Qui se précipita au-devant des
barbares pour leur arracher les victimes? Ce ne furent
pas plus les guerriers du Négus que ceux du Khédive,
ou les Anglais de Souakim. Seuls, les missionnaires
catholiques, Mgr Touvier en tête, osèrent élever la voix
au nom de la France, et jeter résolûment au-devant
des assassins leur courage de prêtres et de Français.

Aussi est-ce une fois de plus à la France que ces peuples infortunés, dont la diplomatie britannique engage
si facilement les destinées sans les consulter, tendent
les bras et font appel. L'Italie a beau s'offrir; la con-
naissent-ils? Mais nous, saurons-nous les entendre? Et
en y répondant comme le souci de nos vrais intérêts le
commande, planterons-nous définitivement notre dra-

peau sur ce coin de terre qui, de longue date, a appris
à le respecter, en se réfugiant de loin sous son ombre,
et où notre politique trouverait des bases solides pour
y asseoir une action que la nécessité, qui sait? pourrait
bien rendre plus prompte et plus effective qu'on ne
s'imagine?

J'ai déjà expliqué [1] ce qu'il fallait penser du Mâhdi
et du mouvement qu'il symbolise. Qu'on m'excuse d'y
revenir en reproduisant les paroles qu'il adresse aux
vrais croyants :

« J'atteste devant Dieu et devant le Prophète que j'ai
« pris le sabre non dans le but de fonder un empire ter-
« restre, ni pour amasser des richesses ou posséder un
« somptueux palais, mais afin d'aider et de consoler les
« croyants de l'esclavage dans lequel les tiennent les
« infidèles, et pour rétablir l'empire des musulmans dans
« son ancienne splendeur. Je suis donc décidé à porter
« ce sabre de Khartoum à Berber. J'irai ensuite à Don-
« gola, au Caire et à Alexandrie, en rétablissant la loi et
« le gouvernement musulmans dans toutes ces cités. De
« l'Égypte, je me dirigerai vers la terre du Prophète afin
« d'en chasser les Turcs, dont le gouvernement n'est
« pas meilleur que celui des infidèles, et je rendrai à
« l'Islam la terre d'Arabie avec ses deux cités saintes.
« Fils d'Ismaël, vous pouvez vous attendre à me voir
« bientôt au milieu de vous armé du sabre de la foi. »

---

[1] *Les Vrais Arabes et leur pays.*

N'est-ce pas là l'idée arabe qui se réveille, qui marche, et dont le Turc musulman est encore plus l'ennemi que l'infidèle... l'idée arabe, dont plus qu'à personne l'essor s'impose à l'attention de la France? Car, je l'ajoutais dans les mêmes pages, si les provocations à la guerre sainte, par l'organe des grands chefs, ne sont en réalité plus à redouter en Algérie, à cette influence déchue en a néanmoins succédé une autre dont, bien que moins efficace à mon avis, dans l'état économique de la contrée, il serait imprudent, à nous, de ne point tenir compte, — je veux parler des confréries religieuses.

Or, convaincues par ses succès de sa mission divine, peut-être n'est-il pas éloigné, le moment où elles se rallieront franchement à la cause de celui qui prétend personnifier actuellement celle de l'Islam, et où elles viendront solliciter le mot d'ordre de sa bouche. C'est justement ce mot d'ordre que, pour conjurer le péril, il importe de nous concilier; c'est précisément à ce nouveau chef de l'agitation musulmane qu'il nous faut demander une confirmation éclatante des liens de solidarité et d'amitié qui désormais, aux yeux de plus d'un de ses membres, nous unissent à la famille arabe... La baie d'Adulis, par sa situation centrale au milieu du golfe Arabique; les Bogos, par leur proximité du siége de ses oracles; voilà autant d'étapes pour nous rapprocher de lui, et profiter des circonstances à même de nous frayer l'accès de ses conseils ou de tempérer ses élans!

L'éventualité de cette double occupation, dont l'une
est le corollaire de l'autre, est d'autant plus acceptable
que l'exécution, nous l'avons vu, en serait plus facile.
Et, s'il n'est personne dont la voix plus que la mienne
acclame l'héroïsme de nos soldats quand, au loin, leurs
succès reculent les bornes du patrimoine de la France,
mon esprit ne peut, cependant, se défendre d'applaudir
davantage aux initiatives hardies qui, pour n'être ni
coûteuses ni sanglantes, n'en sont pas moins fécondes.
Je suis de ceux, en effet, qui jugent le caractère et les
progrès de la civilisation européenne trop mûris pour
laisser, dorénavant, d'autres débouchés à son activité
inassouvie que les entreprises coloniales. C'est la sou-
pape de sûreté toujours entre-bâillée au-dessus des
ébullitions sociales. Mais l'histoire de l'empire colonial
de l'Angleterre, et l'exemple plus récent de l'Alle-
magne, suffiraient à nous apprendre qu'il n'est pas
toujours besoin de luttes ou de guerres pour préparer
de larges voies aux expansions de la conquête, non
moins qu'aux prévoyances de l'avenir. Ce serait une
de celles-là que nous ménagerait, à nous, l'établissement d'Adulis.

Adossé aux provinces septentrionales du plateau
éthiopien; relié aux Bogos par les hautes vallées du
Tzanna-Deglé et de l'Hamacen, dont le climat, à l'abri
des chaleurs tuantes du littoral, rend possibles les
labeurs de l'Européen, il compléterait l'ensemble des
positions qui nous sont maintenant acquises au sortir

de la mer Rouge, à la porte de l'Éthiopie méridionale. Par le nord comme par le sud, l'Abyssinie, soumise dès lors à notre influence exclusive, livrerait les réserves de son trafic jusque-là comprimé aux industries du nôtre, tout en nous permettant, à la fois, de surveiller les effervescences du Soudan, et de maintenir la sécurité compromise de nos communications avec l'Indo-Chine.

Le Tonkin nous servira-t-il de leçon? Aujourd'hui, sans efforts, sans complications, ces résultats peuvent être atteints : qui sait les sacrifices qu'il faudrait subir demain, lorsque de tragiques événements nous en auraient infligé la tâche inexorable?

L'Italie à Massaouah n'est ni un obstacle ni une entrave. Géographiquement, j'ai déjà répondu. Politiquement, n'est-ce point en auxiliaire, — tranchons le mot, — en vassale de l'Angleterre, et son passe-port dûment visé au Foreign-Office, qu'elle s'y est présentée?... Ces conditions me rassurent : la Grande-Bretagne l'eût-elle autorisée à se montrer, si, d'avance, elle n'eût été radicalement convaincue de son impuissance? Les Bogos, en ce moment, à défaut du Négus qui n'en veut point, miroitent au soleil de ses convoitises. Mais lorsque, de déception en déception, elle se sera heurtée à des écueils qu'elle ne soupçonne pas, ses amitiés, l'ignorerions-nous en France? ne sont point éternelles, et rien ne prouve que l'alliée obéissante de la veille ne se révèle un des adversaires les plus résolus du lendemain... J'incline à croire que le séjour des

Italiens aux bords de la mer Rouge ne sera pas de longue durée.

Et je le déplorerai, pour mon compte. La neutralité du canal de Suez est, dorénavant, proclamée et garantie par la solennité d'un acte international, au bas duquel toutes les puissances ont apposé leur signature. Elle me semblerait plus sûre encore, si la plupart d'entre elles renonçaient, dès à présent, à la théorie des engagements platoniques pour prendre position, à l'exemple de l'Italie, le long des côtes qui en commandent l'issue, et ne pas condamner les maîtres de Souakim et de Chypre à la tentation, peut-être irrésistible un jour, d'en devenir les gardiens exclusifs.

Écartons, je le veux bien, la chimère de cette hypothèse, et admettons que, pour la réduire à néant, les précautions soient bien prises. Mais, ô conceptions humaines, vous péchez toujours par quelque chose! Et ne distinguez-vous pas, au-dessus de votre inanité, le doigt de Dieu qui trace un sillon sanglant? C'est ce réveil du monde arabe que vous ne voulez point voir... Que, du cœur de l'Arabie, il s'avance en jetant les Turcs à la mer, ou que, du Soudan, il descende vers le Caire, vous poussant devant lui, en dépit de vos protocoles, de vos prévisions, de vos calculs, avez-vous mesuré le temps qu'il lui faudra pour amasser quelques pelletées de sable, et combler ce canal au-dessus duquel, si éloigné qu'il en paraisse, vous avez oublié que sa main demeure suspendue?

17

Puissance arabe elle-même, la France seule le repré-
sente parmi vous. Qu'elle se mêle donc plus étroite-
ment à ses évolutions, qu'elle en rapproche ses intérêts et ses combinaisons! Qu'elle lui serve de guide et
de modérateur par l'autorité de sa parole ou la maturité
de ses plans!... Qu'elle se hâte surtout! Là, pour elle,
est le devoir, le salut. Car déserter ce rôle que la
Providence nous assigne dans le jeu des destinées de la
chrétienté, c'est subir la loi d'un aveuglement volon-
taire, et c'en est fait de la grandeur française. Il ne
nous restera plus qu'à sombrer tôt ou tard, brisés à
notre tour par le naufrage formidable qui menace
aujourd'hui l'œuvre de la civilisation en Orient.

FIN.

TABLE DES MATIÈRES

CHAPITRE VI

CHAPITRE VII

CHAPITRE VIII

CHAPITRE IX

CHAPITRE X

CHAPITRE XI

TABLE DES GRAVURES

PARIS. TYPOGRAPHIE E. PLON, NOURRIT ET Cie, RUE GARANCIÈRE, 8.

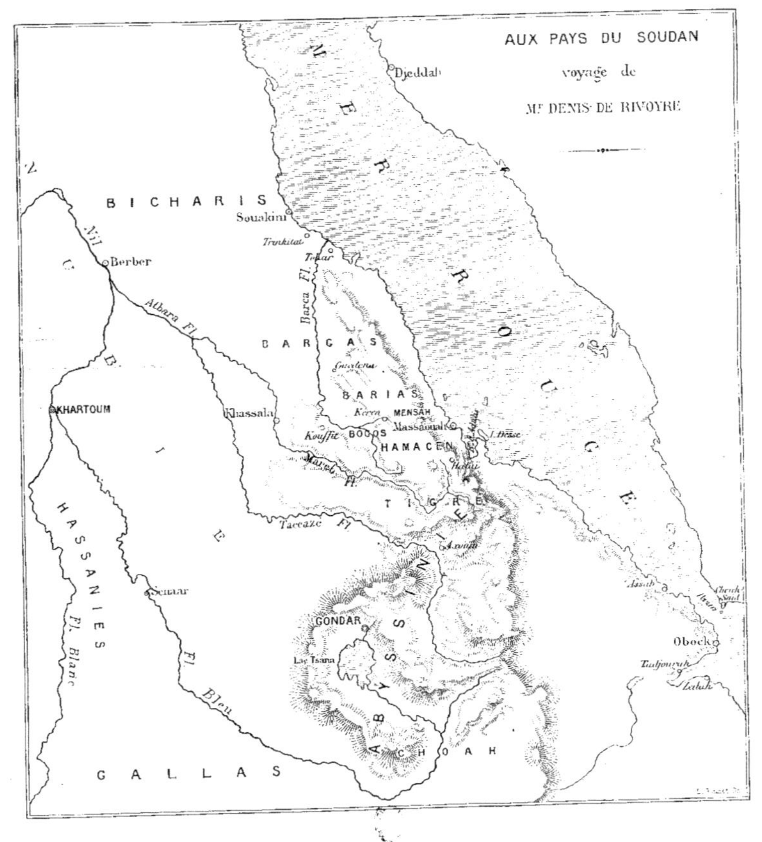

AUX PAYS DU SOUDAN
voyage de
Mr DENIS DE RIVOYRE
MER ROUGE
Djeddah
BICHARIS
Souakim
Trenkitat
Tokar
Barca Fl.
BARGAS
Guedereu
BARIAS
Kerea
MENSAH
Massaoua
BOGOS
Kouffit
HAMACEN
Mareb Fl.
I. Dhse
Nil
Berber
Atbara Fl.
Khassala
KHARTOUM
Taccaze Fl.
TIGRE
Axoum
ABYSSINIE
HASSANIES
Senaar
E
GONDAR
Lac Tsana
Fl. Blanc
Fl. Bleu
ACHOAH
GALLAS
Obock
Tadjourah
Zeilah
Assab

www.ingramcontent.com/pod-product-compliance
Ingram Content Group UK Ltd.
Pitfield, Milton Keynes, MK11 3LW, UK
UKHW020728120726
13693UKWH00001B/225